Justificação relativa ao trato sucessivo

Justificação relativa ao trato sucessivo

ESCRITURA DE JUSTIFICAÇÃO

PROCESSO DE JUSTIFICAÇÃO REGISTAL

2019 • Reimpressão

Isabel Ferreira Quelhas Geraldes
Olga Maria Barreto Gomes

ALMEDINA

JUSTIFICAÇÃO RELATIVA AO TRATO SUCESSIVO
AUTOR
Isabel Ferreira Quelhas Geraldes
Olga Maria Barreto Gomes
EDITOR
EDIÇÕES ALMEDINA, S.A.
EDIÇÃO ORIGINAL
Rua Fernandes Tomás, nºs 76, 78 e 79
3000-167 Coimbra
Tel.: 239 851 904 · Fax: 239 851 901
www.almedina.net · editora@almedina.net
DESIGN DE CAPA
FBA.
PRÉ-IMPRESSÃO
EDIÇÕES ALMEDINA, S.A.
IMPRESSÃO E ACABAMENTO
PENTAEDRO, LDA.
Janeiro, 2019
DEPÓSITO LEGAL
432864/17

ALMEDINA | GRUPOALMEDINA

Biblioteca Nacional de Portugal – Catalogação na Publicação

GERALDES, Isabel Ferreira Quelhas, e outro

Justificação relativa ao trato sucessivo : escritura de justificação, processo de justificação registal / Isabel Ferreira Quelhas, Olga Maria Barreto Gomes. - (Manuais profissionais)
ISBN 978-972-40-7109-1

I – GOMES, Olga Maria Barreto

CDU 347

NOTA DE ABERTURA

Com esta obra visámos apresentar um trabalho essencialmente de índole prática que englobasse simultaneamente a justificação notarial e a justificação registal tendo em conta que esta se encontra escassamente tratada.

Para o efeito, tivémos em atenção algumas das questões que se colocaram ao longo do exercício das nossas funções de Conservadora dos registos predial e comercial e de vogal do Conselho Consultivo e de Notária e vogal do Conselho Técnico, respetivamente, com o intuito de contribuirmos para as soluções que enriqueçam o Direito e satisfaçam as aspirações dos cidadãos que se confrontam com a necessidade de resolver os problemas atinentes à titulação, em determinadas circunstâncias especiais.

Damos ainda notícia da doutrina mais relevante (designadamente dos pareceres do CC e do anterior CT) e da jurisprudência dos tribunais superiores.

ADVERTÊNCIAS

Os artigos do texto sem indicação do código, pertencem ao Código Civil, ao Código do Notariado, ao Código do Registo Predial ou ao Código do Registo Comercial consoante estejam inseridos no Capítulo I, no Capítulo II e seguintes, nos Capítulos XVI e XVII, ou no Capítulo XVIII, respetivamente.

Sempre que neste texto surja qualquer referência a escritura pública só deve entender como tal se, face à legislação atual, a mesma for exigível, caso contrário deve entender-se como reportada também a outros títulos com equivalência legal, designadamente os documentos previstos no n.º 2 do artigo 39.º do Decreto-Lei n.º 76-A/2016, de 29 de março, e nos artigos 22.º e segs. do Decreto-Lei n.º 116/2008, de 4 de julho.

Os pareceres proferidos pelo Conselho Técnico até 2005 encontram-se publicados no BRN e os posteriores no site www.irn.mj.pt (Doutrina).

Os pareceres proferidos pelo Conselho Consultivo encontram-se também publicados no site acabado de mencionar.

ABREVIATURAS USADAS

Diplomas

C.C.	Código Civil
CN	Código do Notariado
CPA	Código do Procedimento Administrativo
CPC	Código de Processo Penal
CRC	Código do Registo Comercial
CRP	Código do Registo Predial
CSC	Código das Sociedades Comerciais
DL	Decreto-Lei
Port.	Portaria
RERN	Regulamento Emolumentar dos Registos e do Notariado
RJPADLEC	Regime Jurídico dos Procedimentos Administrativos de Dissolução e de Liquidação de Entidades Comerciais

Publicações

BMJ	Boletim do Ministério da Justiça
BRN	Boletim dos Registos e do Notariado
CJ	Coletânea de Jurisprudência
CJ (STJ)	Coletânea de Jurisprudência do Supremo Tribunal de Justiça
RLJ	Revista de Legislação e Jurisprudência
RN	Revista do Notariado
ROA	Revista da Ordem dos Advogados

Tribunais

STA	Supremo Tribunal Administrativo
STJ	Supremo Tribunal de Justiça
TC	Tribunal Constitucional
TRC	Tribunal da Relação de Coimbra
TRE	Tribunal da Relação de Évora
TRG	Tribunal da Relação de Guimarães
TRL	Tribunal da Relação de Lisboa
TRP	Tribunal da Relação do Porto

Outras

AC.	Acórdão
Art.º	Artigo
CC	Conselho Consultivo
CT	Conselho Técnico
ENH	Empresa na Hora
EOL	Empresa Online
IRN, I.P.	Instituto dos Registos e do Notariado, I.P.

Capítulo I
Posse e usucapião

Secção I
Justificação notarial e processo de justificação registal

1. Ponto prévio

A motivação subjacente à introdução do presente capítulo – posse e usucapião – prende-se com o facto de a justificação relativa ao trato sucessivo, seja ela efetivada mediante escritura de justificação notarial seja mediante recurso ao processo especial de justificação registal consagrado no Código do Registo Predial, demandar a utilização rigorosa de conceitos relativos ao instituto da posse e da usucapião (causa invocada pelos interessados na esmagadora maioria das justificações).

Todavia, não pretendemos aprofundar nem esgotar as questões que a temática suscita, que está sobejamente tratada[1], mas dela destacar, ape-

[1] Inúmeros, e bem conhecidos, são os autores que se têm dedicado, e com grande sucesso, ao estudo dos temas referidos. Dentre esses destacamos, sem qualquer ideia de exaustão ou de hierarquização, Manuel Rodrigues, in A Posse – Estudo de Direito Civil Português, 1981; Menezes Cordeiro, in A Posse – Perspectivas Dogmáticas Atuais, 3.ª edição, 2000; Pereira Rodrigues, in Usucapião – Constituição Originária de Direitos através da Posse, 2008; Menezes Leitão, in Direitos Reais, 2012; Carvalho Fernandes, in Lições de Direitos Reais; Oliveira Ascensão, in Direitos Reais; José Alberto Vieira, in Direitos Reais, 2008; e Orlando de Carvalho, in RLJ, Ano 122, n.º 3780, págs. 65 e segs.

nas, as que, de algum modo, possam ter maior incidência na justificação de direitos sobre bens sujeitos a registo, visto ser este o cerne da presente obra.

2. Consequentemente, e tendo em consideração, além do mais, as prescrições plasmadas nos artigos 89.º e segs. do Código do Notariado (CN) e nos artigos 116.º e 117.º-B, n.ºs 2 e 3, do Código do Registo Predial (CRP), concernentes à usucapião, a pertinência da introdução deste Capítulo afigura-se-nos mais que justificada.

Alerta-se também, e desde já, para o facto de não bastar exarar nos títulos os conceitos jurídicos que baseiam uma posse conducente à usucapião devendo sempre deles constar, concretamente, os atos materiais da posse, bem como os factos ilustrativos de que ela teve as caraterísticas exigíveis para o efeito – é necessário, em suma, explicitar as circunstâncias concretas que estiveram na origem da posse (boa para usucapir).

3. Como adiante se desenvolverá, a justificação (notarial, registal ou outra) tem como escopo suprir a falta de documentos para o registo, podendo ter subjacente duas situações diversas: numa delas, existe título comprovativo do direito do justificante mas, por motivo atendível, não é possível obtê-lo; e na outra, não existe, de todo, título comprovativo do direito.

Secção II
Posse: Definição – Elementos – Caraterísticas essenciais.

1. Definição

1.1. A posse, de harmonia com a noção consagrada no artigo 1251.º do C.C., é o poder que se manifesta quando alguém atua por forma correspondente ao exercício do direito de propriedade ou de outro direito real[2].

Os direitos reais aqui referidos reportam-se apenas a coisas corpóreas que têm, por esse facto, regulamentação direta no Código e no Decreto-Lei n.º 275/93, de 5 de agosto, relativo ao regime jurídico do direito real de habitação periódica (instituído pelo Decreto-Lei n.º 335/81, de 31 de dezembro)[3].

2. Elementos da posse

2.1. Da definição legal supra referida decorrem claramente dois elementos[4] – um objetivo e outro subjetivo. A nota do objetivo – o *corpus* – extrai-se da expressão «quando alguém atua...», e a nota do subjetivo – o *animus* – ressalta da expressão «por forma correspondente ao exercício do direito de propriedade ou de outro direito real»[5].

Dito de outra forma, a posse envolve o *corpus*, que consiste no domínio de facto sobre a coisa; e o *animus*, que consiste na intenção jurídico-real de exercer sobre a coisa, como seu titular, o direito real correspondente aquele domínio de facto[6].

[2] No que concerne à génese histórica cultural e evolução geral do tema da posse e diversas codificações até aos dias de hoje, veja-se Menezes Cordeiro, in «A Posse: Perspetivas Dogmáticas Atuais», págs. 15 e segs.

[3] Vd., nesta conformidade, Antunes Varela e Pires de Lima, in Código Civil Anotado, Volume III, págs. 2 e segs.

[4] Veja-se Manuel Rodrigues, in «A Posse – Estudo de Direito Civil Português», págs. 98 e segs.

[5] Veja-se Orlando de Carvalho, in RLJ, Ano 122, n.º 3780, págs. 68 e segs., que, além do mais, salienta que «Não existe *corpus* sem *animus* nem *animus* sem *corpus*. Há uma relação biunívoca. *Corpus* é o exercício de poderes de facto que *intende* uma vontade de domínio, de poder jurídico-real. *Animus* é a intenção jurídico-real, a vontade de agir como titular de um direito real, que exprime (e *hoc sensu* emerge ou é inferível) em (de) certa atuação de facto».

[6] A posse, como nota Durval Ferreira, In «Posse e Usucapião», 2.ª edição, pág. 447, é agnóstica e a aquisição do direito, com base nela, é originária, tendo tão só a posse por causa

Para que haja posse é, em princípio[7], necessário que se verifiquem, cumulativamente, estes dois elementos, muito embora, em caso de dúvida, o exercício do *corpus* faça presumir a existência do *animus* – cfr. o que dispõe o n.º 2 do artigo 1252.º do C.C.[8].

2.2. No Acórdão da Relação de Coimbra, de 25 de Junho de 1996[9], decidiu-se que o simples ato de pagar os impostos prediais não é configurável como um ato material de posse, podendo tal pagamento ser praticado por qualquer pessoa, uma vez que tal não pressupõe uma relação de facto sobre a coisa.

Assim, não basta, por exemplo, a prova de se ter pago por mais de 20 anos o IMI – Imposto Municipal sobre Imóveis (anteriormente, a contribuição autárquica ou predial) de determinado prédio para se considerar o mesmo adquirido por usucapião[10].

Na mesma senda se decidiu, também, no parecer do CT proferido no proc.º n.º R.P.129/2010 SJC-CT[11] no qual se negou provimento a determinado recurso hierárquico por, *inter alia*, o pagamento dos impostos invocado pelas recorrentes se manifestar, só por si, irrelevante para o pretendido efeito de usucapir uma vez que através desses atos – pagamento de encargos fiscais relativos a determinado imóvel – não se adquire a posse do respetivo prédio. Trata-se, com efeito, de atos que podem ser praticados por qualquer pessoa, não pressupondo uma relação de facto sobre a coisa – é necessário que os atos materiais correspondam, efetivamente, ao exercício de um direito.

genética ou geradora.

[7] De harmonia com o entendimento firmado no Acórdão de Uniformização de Jurisprudência do STJ, de 14 de Maio de 1996, publicado no DR n.º 114/96, de 24 de Junho, não sendo ilidida a presunção de posse, podem adquirir por usucapião os que exercem o poder de facto sobre a coisa. Por conseguinte, em caso de dúvida sempre será de presumir a posse naquele que exerce o poder de facto.

[8] Segundo Antunes Varela e Pires de Lima, in ob. cit., pág. 8, esta presunção justifica-se, dado que é difícil, se não impossível, fazer a prova de posse em nome próprio, que não seja coincidente com a prova do direito aparente; e este pode inclusivamente não existir. Cabe, portanto, àquele que se arroga a posse provar que o detentor não é possuidor.

[9] Publicado na CJ, 1996, Tomo III, págs. 32 e segs.

[10] Neste sentido veja-se, também, Antunes Varela e Pires de Lima, in Código Civil Anotado, Volume III, pág. 27.

[11] Disponível em www.irn.mj.pt (Doutrina).

3. Caraterísticas essenciais da posse

3.1. Posse pacífica e pública

A aquisição mediante usucapião depende, além do mais, da existência de uma posse pacífica (adquirida sem violência) e pública[12] (exercida de molde a ser conhecida pelos interessados), como decorre, respetivamente, do disposto nos artigos 1261.º e 1262.º do C.C.

3.2. Posse violenta ou oculta

Se a posse tiver sido constituída com violência (isto é: quando o possuidor usar de coação física ou coação moral[13]) ou tomada ocultamente (artigo 1262.º) não pode merecer a tutela do direito, razão pela qual os prazos da usucapião só começam a contar a partir do momento em que ela se torne pública e cesse a violência, como flui do disposto no artigo 1297.º do C.C.

Logo, é fundamental determinar o momento em que cessa a violência para se determinar o início do prazo para a usucapião, embora este, segundo salienta Pereira Rodrigues[14], não tenha de coincidir com o findar dos atos de violência física ou de intimidação moral praticados pelo detentor do bem, mas antes com o cessar do efeito compulsivamente exercido sobre a vontade do possuidor lesado.

A qualificação da posse como violenta tem como consequência imediata considerar-se sempre como uma posse de má fé, mesmo que titulada, em face do preceituado no n.º 3 do artigo 1260.º.

3.3. Posse titulada e posse não titulada

Resulta do disposto no n.º 1 do artigo 1259.º do C.C. que a posse titulada é aquela que se funda em qualquer modo legítimo de adquirir, indepen-

[12] No que concerne ao conceito de publicidade veja-se Antunes Varela e Pires de Lima, in Código Civil Anotado, Volume III, págs. 24 e 25.

[13] O que carateriza a coação moral é o receio do coagido de que lhe poderá acontecer um mal se não proceder de determinada maneira que, todavia, não deseja – n.º 1 do artigo 255.º do C.C.

[14] In A Usucapião ..., pág. 26.

dentemente quer do direito do transmitente quer da validade substancial do negócio jurídico.

Como a este propósito nota Orlando de Carvalho[15] «para haver posse titulada são precisos dois requisitos. Um, positivo, e que é a legitimação da posse através da existência de um "*titulus adquirendi*" do direito em termos do qual se possui. Outro, negativo, e que é, sendo esse um negócio jurídico, a não existência de vícios formais nesse mesmo negócio».

Quando a posse não tem na sua origem um modo legítimo de adquirir o direito que estiver em causa (independentemente quer do direito do transmitente quer da validade substancial do negócio jurídico), a posse tem de ser considerada como não titulada. Atualmente, a posse titulada não se considera afetada por vícios de fundo mas é afetada por vício de forma. Tal facto leva Menezes Cordeiro[16] a insurgir-se contra a solução de *iure condendo*, por não se ver como um vício formal possa ser necessariamente mais grave do que a generalidade dos vícios substanciais.

3.4. Da relevância da boa ou da má fé na usucapião

3.4.1. A posse diz-se de boa fé ou de má fé[17] consoante o possuidor ignorava, ou não, ao adquiri-la que lesava o direito de outrem, sendo, naturalmente, diferentes os prazos estabelecidos na lei para usucapir, conforme se esteja na presença de boa fé ou de má fé.

A posse titulada presume-se de boa fé enquanto a posse não titulada é considerada de má fé, bem como a adquirida com violência, e mesmo que esta esteja titulada – é o que claramente decorre do prescrito no artigo 1260.º do C.C.

No que concerne às referidas presunções é bem compreensível a razão de ser da diferença assinalada.

Com efeito, a falta de título não equivale a um ato ilícito como acontece no caso de haver violência, pelo que no primeiro caso não se justifica punir civilmente quem adquiriu a posse sem título, enquanto que no segundo a punição já reveste pertinência.

15 In RLJ, Ano 122, n.º 3786, pág. 265.

16 In A Posse..., pág. 91.

17 A este propósito veja-se, *inter alia*, o Acórdão do STJ de 20 de março de 2001, in CJ/STJ de 2001, Tomo I, pág. 180.

De destacar, ainda, que não obstante o momento relevante para caraterizar a posse seja o da sua aquisição ele não é estático, podendo sofrer mutações – o possuidor de boa fé pode, por exemplo, vir posteriormente a tomar consciência de que está a lesar o direito de outrem, momento em que cessa a boa fé – artigo 1270.º.

3.4.2. Cumpre ainda salientar, no que concerne ao conceito de boa fé em matéria de posse, que a doutrina diverge sobre o mesmo.

Alguns autores[18] consideram que a boa fé possessória é ética, estando de má fé a pessoa que, com culpa, ignore que está a violar o direito de outrem; outros[19] consideram que o conceito de boa fé é de natureza psicológica e não de índole ética ou moral, embora não esteja divorciada dum fundamento de caráter ético[20].

A primeira corrente doutrinal defende que a boa fé em sentido ético postula o cumprimento de deveres de diligência, enquanto que a segunda, boa fé em sentido psicológico, consiste na mera ignorância do sujeito relativamente a certos factos ou estado de coisas.

Como conclui José Alberto Vieira[21], depois de analisar as duas posições mencionadas, «a atuação de boa fé não significa um mero desconhecimento pelo agente de que a sua conduta implica a violação de um direito de outra pessoa, havendo boa fé somente quando, cumpridos os deveres de diligência e indagação exigíveis no caso, haja ignorância da lesão do direito de outrem. A ignorância para o Direito é apenas a ignorância desculpável e liga-se à diligência posta pelo agente no conhecimento do direito de outrem».

[18] Designadamente Menezes Cordeiro In Da Boa Fé no Direito Civil, pág. 437, e Tratado de Direito Civil Português, Volume I, Parte Geral, Tomo I, págs. 404 e segs., e Carvalho Fernandes, in Lições de Direitos Reais, pág. 250.

[19] Designadamente Antunes Varela e Pires de Lima, in Código Civil Anotado, Volume III, págs. 202 segs., e Orlando de Carvalho, in RLJ, Ano 122, pág. 292, que defendeu uma configuração puramente psicológica da posse de boa fé.

[20] No sentido de que a boa fé é de natureza psicológica veja-se o Acórdão do STJ de 8 de maio de 2003, in CJ/STJ, Tomo II, pág. 46.

No que tange aos direitos adquiridos por terceiros de boa fé, embora a propósito dos efeitos da retificação de registos, veja-se ainda o parecer proferido no proc.º n.º R.Bm.1/2014 STJ-CC, págs. 16 e segs., disponível em www.irn.mj.pt (Doutrina).

[21] In Direitos Reais, págs. 245 a 251.

4. Aquisição da posse e suas vicissitudes

4.1. Causas de aquisição

Decorre do artigo 1263.º que a posse se adquire nos seguintes termos:

a) Pela prática reiterada, com publicidade, dos atos materiais correspondentes ao exercício do direito;
b) Pela tradição material ou simbólica da coisa;
c) Por constituto possessório;
d) Por inversão do título da posse.

4.1.1. A primeira causa da aquisição da posse é, assim, o apossamento. Para que este se verifique têm de ser reiteradamente praticados atos materiais em relação à coisa, correspondendo a um aproveitamento direto da mesma (*uti, frui, consumere*). A simples prática de atos jurídicos relativos à coisa (alienação ou oneração, por exemplo) não é suscetível de consubstanciar apossamento[22].

4.1.2. A segunda causa de aquisição da posse é a tradição (*traditio*) material (que exige o contacto material do adquirente com a coisa) ou simbólica (dispensa o aludido contacto) da coisa.

Como ensina Menezes Leitão[23] a tradição é composta por um elemento negativo, que corresponde à cedência da coisa pelo anterior possuidor, e por um elemento positivo, correspondente à sua apreensão pelo novo, o qual denuncia a aquisição de poderes sobre o objeto da posse.

[22] Como salienta Manuel Rodrigues, in A Posse ..., pág. 183, por sua natureza estes atos jurídicos são insuficientes para demonstrar a existência de um poder de facto sobre as coisas, porque recaem não exclusivamente sobre a própria coisa, mas sobre os elementos espirituais dos direitos, e por isso podem ser praticados por qualquer pessoa, ainda que esta não tenha qualquer poder sobre a coisa.
No mesmo sentido, veja-se também o Acórdão do STJ de 13 de Janeiro de 2009, publicado na CJ-STJ, 2009, Tomo I, págs. 41 e segs.

[23] In ob. cit., pág. 133.

4.1.3. A terceira causa, constituto possessório, encontra-se prevista no artigo 1264.º. Desta norma decorre que o constituto possessório exige o preenchimento de três requisitos:

A celebração de um contrato transmissivo de um direito real que confira a posse da coisa;

Que o transmitente do aludido direito seja possuidor; e

A existência de uma causa jurídica para a detenção da coisa[24].

4.1.4. A quarta causa corresponde à inversão do título da posse e pode dar-se por oposição do detentor do direito contra aquele em cujo nome possuía ou por ato de terceiro capaz de transferir a posse, como flui do artigo 1265.º[25].

4.2. Manutenção, modificação, sucessão e acessão da posse

4.2.1. Manutenção da posse

No que concerne à manutenção ou conservação da posse, a nossa lei refere que ela se mantém enquanto durar a atuação correspondente ao exercício do direito ou a possibilidade de a continuar – cfr. o que dispõe o n.º 1 do artigo 1257.º do C.C.

4.2.2. Modificação da posse

A modificação da posse verificar-se-á sempre que ocorram alterações das caraterísticas da mesma. Pode, designadamente, deixar de ser de boa fé e passar a ser de má fé (ou a inversa), deixar de ser violenta e passar a ser pacífica, etc., com as inerentes consequências legais.

[24] Veja-se José Alberto Vieira, in Direitos Reais, pág. 601.

[25] A propósito da inversão do título por facto próprio ou por facto de terceiro veja-se, designadamente, Manuel Rodrigues, in ob. cit., págs. 232 e segs., e José Alberto Vieira, in ob. cit., págs. 587 e segs., bem como o parecer do CT proferido no proc.º n.º R.P.41/99 DSJ-CT, in BRN n.º 8/99, II Caderno, págs. 37 e segs.
Sobre a aquisição, por usucapião, de coisa locada veja-se o Acórdão do Tribunal da Relação de Lisboa de 16 de outubro de 1990, CJ, Tomo IV, págs. 151 e segs.

4.2.3. Sucessão na Posse

Sendo a posse uma situação jurídica patrimonial, ela pode ser objeto de sucessão – cfr. o que resulta do prescrito nos artigos 2024.º e 1255.º[26].

A posse do autor da herança passa para os sucessores com os *mesmos efeitos* que tinha até então, podendo estes, designadamente, propor as ações possessórias que o *de cujus* poderia propor – a posse do sucessor é a mesma do *de cujus*[27].

Na sucessão, *summo rigore*, a situação jurídica permanece estática, sendo o sucessor que ingressa na posição jurídica do autor da herança.

Nestes termos, os herdeiros que tenham ingressado na posição jurídica do autor (vale por dizer, sucedido na posse), podem obter inscrição do bem a seu favor com base em escritura de justificação notarial ou na decisão do conservador proferida no âmbito de processo de justificação registal previstas no n.º 1 do artigo 116.º do CRP, invocando a usucapião no título respetivo (escritura ou processo registal), e procedendo, para além do indispensável cumprimento de todas as normas legais pertinentes comuns às demais justificações, à especificação da natureza coletiva do direito em causa, isto é, que a aquisição é em comum e sem determinação de parte ou direito, por usucapião, com sucessão na posse de determinada pessoa (vale por dizer, o antepossuidor), devidamente identificada.

Esclarece-se, contudo, que não obstante seja imprescindível que os antepossuidores, ou autores da sucessão, figurem no extrato da correspondente inscrição em comum e sem determinação de parte ou direito, não lhes cabe, naturalmente, a qualidade de sujeitos ativos, visando-se apenas, com tal menção, patentear a natureza de património coletivo a que os bens usucapidos pertencem, de modo que se obtenha o necessário enca-

[26] No que respeita à possibilidade de a sucessão na posse poder ocorrer também no caso de legatários a doutrina não é unânime. Enquanto Oliveira Ascensão, Direitos Reais, pág. 122, e Menezes Cordeiro, in A Posse..., pág. 110, negam essa possibilidade, Carvalho Fernandes, in Lições de Direitos Reais, págs. 314 e 315, e Antunes Varela e Pires de Lima, in Código Civil Anotado, Volume III, págs. 12 e 13, admitem-na.
No acórdão do TRP de 13 de maio de 1996 decidiu-se no sentido de que enquanto a coisa não for entregue ao legatário este não é possuidor.

[27] Veja-se o Acórdão do TRP de 6 de Fevereiro de 1995, publicado na CJ/1995, Tomo I, pág. 205.

deamento e clareza tabular bastante para permitir o futuro ingresso no registo dos factos atinentes à liquidação e partilha daquele património[28].

4.2.4. Acessão na posse

4.2.4.1. Relativamente à acessão na posse o n.º 1 do artigo 1256.º[29] prescreve que aquele que houver sucedido[30] na posse de outrem por título diverso da sucessão por morte pode juntar à sua a posse do antecessor.

Para que a acessão opere necessário se torna que ambas as posses sejam contínuas (isto é, sem interposição da posse de um terceiro), ininterruptas e do mesmo tipo. Sendo as posses em causa de natureza diversa, a acessão só se dará dentro dos limites daquela que tem menor âmbito – n.º 2 do citado preceito.

Como salienta Menezes Leitão[31], «o art. 1256.º não exige a validade (substancial ou formal) do negócio para permitir a acessão na posse, mas apenas que a sucessão na posse de outrem resulte de um título diverso da sucessão por morte, como a tradição ou o constituto possessório. Por outro lado, não há qualquer razão para excluir a acessão em caso de posse não titulada, como necessariamente ocorreria se se exigisse a validade formal do negócio transmissivo da posse (art. 1259.º, n.º1)».

A admissibilidade de acessão na posse é entendida como um meio destinado a facultar o funcionamento da usucapião, sendo a acessão uma decorrência do fenómeno da transmissão da posse[32].

A aquisição do direito de propriedade por acessão, segundo o prescrito na alínea d) do artigo 1317.º do C.C., tem lugar no momento da verificação do respetivo facto.

[28] Neste sentido, vejam-se os pareceres do CT proferidos nos proc.ºs n.ºs 88/96 R.P.4 e R.P.153/2010 SJC-CT, entre outros.

[29] Este preceito teve na sua origem o artigo 1146.º do Código Civil Italiano.

[30] A doutrina considera unanimemente que a expressão «houver sucedido» não é utilizada em sentido técnico-jurídico, pois, consabidamente, o atual possuidor não sucede aqui na posse do seu antecessor – trata-se de duas posses distintas. Vd., neste sentido, Manuel Henrique Mesquita, in Direitos Reais, pág. 104.

[31] In Direitos Reais, pág. 141.

[32] Cfr. Oliveira Ascensão, in Direitos Reais, 5.ª edição, pág. 115.

Ao contrário do que uma análise perfunctória desta norma poderia inculcar, a lei atribui às pessoas envolvidas no fenómeno a faculdade de adquirir ou não adquirir – não existe uma aquisição automática[33].

Com efeito, a posse dos antecessores transmitida para os adquirentes, pode, preenchidos que sejam determinados requisitos, ser somada, se necessário for para aquisição do bem, por usucapião, se nessa invocação, que é facultativa, os justificantes tiverem interesse – o efeito não é, portanto, automático, isto é, ao novo possuidor é atribuído um direito potestativo de invocar (ou não) a acessão, de juntar as posses, se nisso vir interesse[34].

4.2.4.2. A generalidade da doutrina e a jurisprudência vai no sentido de que o primeiro adquirente não pode recorrer à acessão para invocar a usucapião contra o terceiro protegido pelo registo, sob pena de a regra da inoponibilidade por falta de registo não ter qualquer eficácia e serem subvertidas as regras do registo – cfr. o artigo 5.º do CRP.

Na doutrina, Antunes Varela e Henrique Mesquita[35], entre outros, realçam que «...o registo tornar-se-ia praticamente inútil, pois não ofereceria qualquer segurança a terceiros: aquele que não registasse o título de aquisição do seu direito poderia quase sempre neutralizar ou inutilizar direitos incompatíveis registados por terceiros, invocando a sua posse – qualquer que fosse a sua duração – e juntando-lhe a do transmitente e a dos antecessores deste, até onde fosse necessário para completar o prazo da usucapião».

A regra basilar em que assenta o registo predial e o fim precípuo da segurança das transações, que através dele se pretende atingir, ficariam seriamente afetados posto que nenhuma proteção ou segurança conferiria[36].

[33] Neste sentido, veja-se Carvalho Fernandes, in Lições ..., pág. 323 e segs.

[34] Vejam-se Acórdãos da Relação de Guimarães de 26 de maio de 2004, in CJ, Tomo III, 2004, págs. 280 e segs., e da Relação de Coimbra de 19 de junho de 2001, in CJ, Tomo III, 2001, págs. 31 e segs.

[35] In RLJ, ano 127, págs. 25 e segs.

No mesmo sentido pode ainda ver-se o Acórdão do STJ de 14 de janeiro de 2003, entre outros.

[36] Também Durval Ferreira, in Posse e Usucapião, págs. 252 e segs. salienta que, na perspetiva da unidade do sistema jurídico, «pouco valor teria o normativo do artigo 5.º do Código do Registo Predial: seria tirar com uma mão o que a outra concedeu. Seria uma falácia».

Na jurisprudência, designadamente no Acórdão do STJ de 7 de julho de 1999[37] decidiu-se que «aquele que adquiriu um direito de propriedade e omitiu o registo do negócio aquisitivo, não podendo opor esse direito aos terceiros protegidos pelo registo, também não pode invocar perante os mesmos terceiros, para efeitos de afastar a prevalência do direito destes, a posse do alienante, sob pena de a regra da inoponibilidade por falta de registo não ter, na prática, qualquer eficácia».

Concordamos com as posições descritas, pois, de outra forma, a finalidade do registo consagrada no artigo 1.º do CRP esfumar-se-ia, tornando-se o registo totalmente inútil visto que não ofereceria a necessária segurança a terceiros, uma vez que aquele que não registasse a sua aquisição teria, quase sempre, a possibilidade de neutralizar a regra da prioridade do registo, invocando a sua posse, e a do transmitente e, eventualmente, a dos seus antecessores, até completar o prazo de usucapião.

4.3. Comunhão de posses ou composse

4.3.1. A figura da composse encontra-se prevista nos artigos 1286.º do C.C. (Defesa da composse) e a da usucapião por compossuidor está consignada no artigo 1291.º (Usucapião por compossuidor) do mesmo Código[38].

Nos casos em que a posse é exercida por vários titulares com base num direito ou num acordo comum, fala-se em comunhão de posses ou composse, ficando todos eles na situação de compossuidores (concorrentes de posses à mesma coisa), sendo a existência das várias posses perfeitamente compatíveis entre si[39]. É que, na composse, a posse de cada um não exclui

A este propósita veja-se ainda Gabriel Órfão Gonçaves, in Aquisição Tabular, 2007, págs. 93 e segs.

[37] Publicado in CJ-STJ, Tomo II, 1999, págs. 164 e segs. Veja-se ainda, no mesmo sentido, o Acórdão do STJ de 17 de novembro de 2011.

Cfr., também, o Acórdão do STJ de 3 de junho de 1992, publicado no BMJ n.º 418, págs. 773 e segs.

[38] No Acórdão do STJ de 2 de dezembro de 2008, publicado na CJ/STJ de 2008, Tomo III, pág. 162, extraiu-se o seguinte sumário: «I. Um dos casos de posse em nome alheio é o do comproprietário em relação às quotas dos seus consortes, quando aquele usa a coisa comum. II. A inversão do título de posse tem de traduzir-se em atos positivos, materiais ou jurídicos, reveladores que o detentor quer atuar como se tivesse sobre a coisa o direito real que até à prática desses atos considerava pertencentes a outrem.

[39] Vd. Oliveira Ascensão, in Direitos Reais, 1978, pág. 286.

nem prejudica a dos demais, isto é, deixa incólume a posse dos restantes compossuidores, sendo exercida na globalidade sobre determinado prédio (não sobre uma parte especificada) ainda que cada um dos compossuidores possa exercer a posse exclusivamente para si na proporção da sua quota no direito que é, assim, adquirida com base na verificação da composse.

4.3.2. De harmonia com a jurisprudência do Supremo, firmada no Acórdão de 1 de Outubro de 1998[40], a quota-parte ou quota ideal de um prédio é usucapível.

Aí se refere expressamente que «são suscetíveis de posse e podem conduzir à usucapião correspondente todas as figuras reguladas nos artigos 1302.º a 1575.º do Cód. Civil.

Assim como existe a compropriedade (art.ºs 1403.º e segs. do Cód. Civil) pode ocorrer composse quando a posse de uma coisa é exercida por duas ou mais pessoas».

Na mesma senda também Carvalho Fernandes[41] sublinha que, sendo em função do regime da compropriedade que se deve procurar a solução para a questão jurídica da composse, é de inferir que a composse pode incidir sobre qualquer direito real suscetível de posse, sendo o caso mais vulgar ou frequente, seguramente, o da composse do direito de propriedade. Hipótese que se encontra prevista genericamente no artigo 1286.º do C.C.[42].

4.3.3. A doutrina do Conselho firmada no parecer proferido no proc.º n.º R.P.68/2001 DSJ-CT exprime a mesma linha de pensamento sintetizada na seguinte Conclusão: «A composse por todos exercida na globalidade sobre determinado prédio não prejudica cada um dos compossuidores que, separadamente, possui exclusivamente para si na proporção da sua

[40] O sumário do referido Acórdão do STJ, proferido no proc.º n.º 98B569, encontra-se disponível em www.dgsi.pt

[41] In Lições ..., págs. 289 e 340 e segs.

[42] Relativamente ao aludido preceito, Antunes Varela e Pires de Lima, in Código Civil Anotado, Volume III, págs. 62 e 63, salientam que a figura nele regulada é a que corresponde à figura da compropriedade – à contitularidade do mesmo direito. Sobre a coisa, e em relação ao direito possuído, os compossuidores, *em conjunto*, gozam de todos os poderes que pertencem a um único possuidor. Os seus direitos são qualitativamente iguais, embora sejam quantitativamente diferentes.

quota no direito que é adquirida por usucapião com base na composse assim verificada»[43].

1.4.3.4. Os justificantes que, em escritura de justificação notarial ou em processo de justificação registal, invoquem a usucapião em relação a uma quota parte ou quota ideal de um prédio, para além das circunstâncias de facto que determinaram o início da posse, bem como as que consubstanciam e caraterizam essa posse, devem indicar quais são as restantes quotas partes do prédio em causa além de procederem à identificação dos respetivos titulares – cfr. o disposto nos artigos 89.º, n.º 2, e segs. do CN, e nos artigos 1251.º, 1286.º, 1287.º, 1291.º e 1403.º e segs., todos do C.C.[44].

[43] Sobre esta matéria veja-se, também, a doutrina recentemente expressa pelo Conselho nos pareceres ínsitos nos proc.ºs n.ºs R.P.92/2012 SJC-CT, R.P.60/2012 SJC-CT e R.P. 31/2013 STJ-CC, entre outros.

[44] Nesta conformidade, e para mais desenvolvimentos sobre o ponto, veja-se, novamente, o parecer proferido no proc.º n.º R.P.31/2013 STJ-CC.

Secção III
Usucapião – Definição e requisitos

1. Definição

A usucapião é um instituto exterior ao sistema de registo sobre ele prevalecendo na solução de conflitos que oponham adquirentes do mesmo direito real, o que equivale a dizer que, existindo um conflito entre direitos incompatíveis sobre o mesmo bem sujeito a registo, se sobrepõem as regras substantivas mesmo em detrimento das regras registais.

É que, como é sobejamente sabido, a usucapião tem na sua base ponderosas razões de ordem económico-social, nomeadamente a necessidade de tornar certa e estável a propriedade a favor de quem, face à incúria do proprietário, mantém e exerce ininterruptamente a gestão económica da coisa, constituindo o fundamento primário dos direitos reais no nosso ordenamento jurídico. Por conseguinte, não se pode esquecer que a base de toda a nossa ordem imobiliária assenta na usucapião não no registo[45].

Em consequência de tal, como salienta Orlando de Carvalho[46], a usucapião requer que a posse (como caminho para a autêntica dominialidade) tenha certas caraterísticas que a tornem, de algum modo, «digna» do direito a que conduz. Donde a exigência, em qualquer sistema possessório, de uma posse em nome próprio, de uma intenção de domínio – e uma intenção que não deixe dúvidas sobre a sua autenticidade.

Como decorre do prescrito no artigo 1287.º do Código Civil, «A posse do direito de propriedade ou de outros direitos reais de gozo, mantida por certo lapso de tempo, faculta ao possuidor, salvo disposição em contrário, a aquisição do direito a cujo exercício corresponde a sua atuação: é o que se chama usucapião»[47].

[45] Neste sentido veja-se Oliveira Ascensão, Efeitos Substantivos do Registo Predial na Ordem Jurídica Portuguesa, in ROA, Ano 34, págs. 43 a 46, bem como Rodrigues Bastos, in Direito das Coisas, I Volume, 1975, pág. 79.

[46] In RLJ, Ano 122, 3780, págs. 66 e 67.

[47] Até à entrada em vigor do Código Civil de 1966 (conhecido por Código de Vaz Serra) falava-se em «prescrição aquisitiva» ou «prescrição positiva», como resulta do disposto nos artigos 505.º e segs. do Código Civil de 1867 (também conhecido por Código de Seabra).

A noção legal de usucapião é, de acordo com os ensinamentos de Carvalho Fernandes[48], de algum modo simplista, porquanto, em rigor, a aquisição depende, no seu regime, não só do simples decurso de tempo, mas também da verificação de certas caraterísticas da posse e, ainda, da sua subsequente (e imprescindível) invocação pelo interessado.

2. Requisitos

Em termos gerais pode dizer-se que a usucapião (que, na orgânica do Código, constitui um subsistema dentro do título da posse) pressupõe a verificação cumulativa dos seguintes requisitos:

- uma posse, com *corpus* (elemento material) e com *animus possidendi* (elemento espiritual);
- uma posse à semelhança do direito de propriedade ou de outro direito real de gozo;
- uma posse prolongada no tempo, isto é: exercida durante um certo lapso de tempo, dependente não só da natureza do bem possuído como também das caraterísticas que aquela revista;
- uma posse vencedora, vale por dizer, que a sua invocação (judicial ou extrajudicial) seja triunfante, aniquilando ou restringindo, o eventual direito de outro *titular* do bem, consoante o caso.

3. Invocação da usucapião

Em princípio, a verificação dos três requisitos referidos em primeiro lugar facultarão ao possuidor de determinado bem a invocação da usucapião[49] para reconhecimento do direito que se arroga, pois, como é sabido, a usucapião para ser eficaz necessita de ser invocada, judicial ou extrajudicialmente, ainda que tacitamente[50].

[48] In Lições de Direitos Reais, pág. 233.

[49] No Acórdão da Relação de Coimbra de 12 de março de 1991, Tomo II, págs. 77 e segs., salienta-se que «A usucapião tem-se por invocada desde que seja invocado o complexo fático subjacente».

[50] Neste sentido, veja-se o Acórdão do STJ de 10 de Abril de 1984, publicado no BMJ n.º 336, 1984, págs. 433 e segs., segundo o qual a invocação da usucapião pode ser tácita, se os factos alegados integrarem, de modo manifesto, os respetivos elementos ou requisitos constitutivos e revelarem a intenção inequívoca de fundar o direito na usucapião.

Por conseguinte, não existe uma aquisição *ipso jure*, mas uma faculdade de adquirir atribuída, em regra, ao possuidor, mas que também pode ser exercida pelos seus credores ou por terceiros com interesse na aquisição[51]. Daí que não possa também ser conhecida *ex officio* pelo julgador (artigo 303.º aplicável *ex vi* do artigo 1292.º ambos do C.C.).

Com efeito, importa ainda referir a este propósito que a declaração de invocação da usucapião pode ser efetuada pelos credores e por terceiros com legítimo interesse na sua declaração, ainda que o possuidor a ela tenha renunciado (artigos 305.º, n.º 1, e 1292.º), desde que se verifique o preenchimento dos requisitos da impugnação pauliana (artigos 305.º, n.º 2, e 1292.º), não sendo o direito destes prejudicado por caso julgado formado em virtude de o vendedor ter sido condenado sem invocar a usucapião (artigos 305.º, n.º 3, e 1292.º)[52].

4. Registo – oponibilidade a terceiros - exceção

Cremos que, neste âmbito, se mostra ainda pertinente salientar, no que concerne à oponibilidade dos efeitos do registo a terceiros e suas exceções, o que no artigo 5.º, n.ºs 1 e 2, alínea a), do CRP se encontra estabelecido:

«1. Os factos sujeitos a registo só produzem efeitos contra terceiros depois da data do respetivo registo.

2. Excetuam do disposto no número anterior:

a) A aquisição, fundada na usucapião, dos direitos referidos na alínea a) do n.º 1 do artigo 2.º;

(...) ».

Decorre do n.º 1 do artigo 5.º[53] que o registo dos factos é condição de oponibilidade a terceiros, constituindo o prescrito na referida alínea a) do n.º 2 uma exceção à referida regra da oponibilidade, porque para este fim o que releva é a posse (pública). A aquisição por usucapião funda-se, pois, na publicidade da posse. Por conseguinte, não se torna necessária

[51] Vide Antunes Varela e Pires de Lima, in Código Civil Anotado, Volume III, pág. 56.

[52] Sobre o ponto, veja-se Carvalho Fernandes, in Lições..., págs. 237 e 238.

[53] A propósito deste preceito bem como do artigo 291.º do C.C. veja-se Maria Clara Sottomayor, in Invalidade e Registo – A Proteção do Terceiro Adquirente de Boa Fé, 2010, págs. 335 e segs.

(obrigatória) que a esta acresça qualquer outra forma de publicidade, nem mesmo a registal.

Porém, se bem ajuizamos, não decorre da norma transcrita que o possa ser, sem mais, isto é, contra registo incompatível.

Por conseguinte, nos casos em que exista titular inscrito, será legítimo questionar-se a admissibilidade dessa presunção em termos absolutos, em face do que se encontra consagrado no artigo 7.º do CRP, precisamente em relação às presunções derivadas do registo definitivo, e no artigo 34.º do mesmo Código.

Ora, desenhando-se, como se vê, um caso de *incompatibilidade* entre a presunção possessória e a presunção registal, e não obstante a predominância da primeira das presunções referidas seja irrefutável, o certo é que o pedido de registo de aquisição[54], fundada na usucapião, confrontar-se-á, pelo menos, com a incontornável notificação prévia do titular inscrito sob pena de o correspondente registo não lograr ingresso nas tábuas.

Com efeito, a falta de notificação do titular inscrito – ou dos seus herdeiros, no caso de falecimento deste – devida em face do prescrito no artigo 99.º do CN (e no artigo 117.º-G do CRP), determina que a escritura de justificação notarial seja considerada título manifestamente insuficiente para a prova legal do facto que se pretende registar, pelo que o ato peticionado nela assente deve ser recusado ao abrigo do disposto na alínea b) do n.º 1 do artigo 69.º do CRP[55].

Decorrentemente, deparamo-nos aqui com uma certa desvalorização da usucapião (do ponto de vista meramente registal, entenda-se), também verificada em face das exigências plasmadas no artigo 91.º do CN e no artigo 117.º-B, n.º 2, do CRP, normas que exigem a dedução das transmissões que tenham antecedido a usucapião e das subsequentes[56], em cumprimento do princípio do trato sucessivo consagrado no artigo 34.º do CRP.

Mas, atenção, não se infira daqui que se contesta que a usucapião interfira com a proteção registal do terceiro de boa fé, impondo-se-lhe, visto que, consabidamente, o terceiro que beneficia de aquisição tabular não

[54] Considerado, *in casu*, meramente enunciativo - Vd. Carvalho Fernandes, ob. cit., pág. 238.

[55] Para mais desenvolvimentos deste assunto, veja-se a doutrina firmada no parecer ínsito no proc.º n.º R.P.129/2010 SJC-CT.

[56] *Vide*, neste sentido, Borges de Araújo, in Prática Notarial, págs. 353 e 354. O autor realça que a lei aceita a usucapião na dedução do trato sucessivo, mas reduz o seu papel a uma «simples correia de transmissão de direitos», não a reconhecendo como causa de aquisição originária.

pode fazer valer a proteção que, em regra, a fé pública registal lhe confere contra o titular do mesmo direito real adquirido por usucapião, já que prevalecem as regras substantivas[57].

5. Prazos

5.1. Momento de aquisição do direito de propriedade

Como decorre do disposto na alínea c) do artigo 1317.º do C.C. o momento de aquisição do direito de propriedade é, no caso de usucapião, o do início da posse.

Os prazos para usucapir dependem, *inter alia*, da natureza dos bens, dos quais apenas nos interessa aqui considerar os imóveis e os móveis sujeitos a registo.

Para as coisas imóveis a medida do tempo pode oscilar entre dez anos a vinte anos, consoante haja ou não título registado e boa fé ou má fé, enquanto que para as coisas móveis sujeitas a registo essa medida oscila entre dois a dez anos.

Concretizando:

5.1.1. Para as coisas imóveis

a) - De dez anos, contados da data do registo, quando haja título registado e a posse seja de boa fé – alínea a) do artigo 1294.º do C.C.;

b) - De quinze anos, contados da data do registo, quando haja título registado mas a posse seja de má fé – alínea b) do citado artigo 1294.º;

c) - De cinco anos, contados da data do registo, quando haja registo da mera posse e esta seja de boa fé – alínea a) do n.º 1 do artigo 1295.º do C.C.;

d) - De dez anos, contados da data do registo, quando haja registo da mera posse e esta seja de má fé – alínea b) do n.º 1 do citado artigo 1295.º;

e) - De quinze anos, quando não haja registo de título nem de posse e esta seja de boa fé – artigo 1296.º do C.C.;

[57] Sobre o ponto veja-se Oliveira Ascensão, in Direito Civil – Reais, pág. 384.

f) - De vinte anos, quando não haja registo de título nem de posse e esta seja de má fé – artigo 1296.º.

5.1.1.1. Sublinha-se, porém, que a lei não prevê prazo para a hipótese de inexistência de título. Contudo, Menezes Cordeiro[58], entre outros, salienta que lhe parece que se devem aplicar estes dois últimos prazos, consoante haja ou não boa fé, não só porque é uma solução que se enquadra na letra da lei (quando não há título, não há, evidentemente, registo de título), mas também por analogia com o disposto no artigo 1298.º, alínea b), do C.C., que equipara, em matéria de móveis sujeitos a registo, a falta de registo do título à falta do próprio título.

Sobre o ponto, a doutrina e a jurisprudência convergem.

Com efeito, também do acórdão do TRP, de 19 de janeiro de 1989,[59] brota idêntico entendimento, como resulta do respetivo sumário que se transcreve: «I – O C.C. não refere o prazo da usucapião na hipótese de faltar de todo o título.

II – Nesta última hipótese são de aplicar os prazos de 15 ou de 20 anos consoante haja ou não boa fé, não só por ser uma solução que se enquadra na letra da lei – quando não haja título, não há evidentemente registo de título – mas também por analogia com o art. 1298.º, al. b), que equipara, em matéria de móveis sujeitos a registo, a falta de registo do título à falta do próprio título».

5.1.2. Para as coisas móveis sujeitas a registo

a) - De dois anos, quando haja título registado e a posse seja de boa fé – alínea a) do artigo 1298.º do CC;

b) - De quatro anos, quando haja título registado e a posse seja de má fé – alínea a), *in fine*, do citado artigo 1298.º;

c) - De dez anos, quando não haja título registado, independentemente de boa ou má fé, e da existência de título – alínea b) do mesmo artigo.

[58] In Direitos Reais, 1979, pág. 473.

[59] Publicado na CJ, Tomo I, pág. 184.

5.2. Suspensão e Interrupção

Em matéria de tempo de posse relevante para a invocação da usucapião o legislador não fixou regras próprias para a contagem do tempo, remetendo simplesmente para as normas que regulam problema homólogo na prescrição ao dizer no artigo 1292.º que as regras da suspensão[60] e interrupção da prescrição são aplicáveis à usucapião, com as devidas adaptações. Ora, tal remete-nos para a aplicação das normas estabelecidas nos artigos 318.º e segs. e 323.º e segs. do C.C.

6. Bens insuscetíveis de usucapir

6.1. Servidões prediais não aparentes

O Código Civil exclui da possibilidade de serem adquiridos por usucapião as servidões prediais não aparentes e os direitos de uso e de habitação – artigo 1293.º do CC.

A razão da exclusão das referidas servidões residirá no facto de se tornar difícil distinguir entre as servidões não aparentes e os atos de mera tolerância, consentidos *jure familiaritatis*, que não refletem uma relação possessória capaz de conduzir à usucapião[61].

Relativamente aos direitos de uso e de habitação Antunes Varela e Pires de Lima, entre outros, entendem que a sua admissibilidade ofereceria uma dificuldade séria, que é a tipicidade do uso e habitação, e a sua potencial confusão, quanto ao *corpus*, não só com a figura da propriedade, mas também com a do usufruto.

Realçam os citados autores que «A simples utilização da coisa para satisfação das necessidades pessoais do utente e da sua família é, na generalidade dos casos, juridicamente incaraterística, como pode ser incaraterístico o próprio *animus*, dada não só a atipicidade dos dois direitos (cfr. os arts. 1445.º e 1448.º), como a desnecessidade, para a existência do *corpus*, de que o titular exerça todos os atos materiais qualificativos do direito».

[60] No que concerne à suspensão da prescrição e à inoficiosidade do seu conhecimento veja-se o Acórdão do STJ de 20 de janeiro de 2010, publicado na CJ/STJ, Tomo I, pág. 36.

[61] Veja-se Antunes Varela e Pires de Lima, in Código Civil Anotado, Volume III, págs. 72 e 73.

6.2. Bens do domínio público

A Lei Fundamental do País consagra a coexistência de três setores de propriedade dos meios de produção – público, privado e cooperativo e social –, sendo que o setor público é constituído pelos meios de produção cuja propriedade e gestão pertencem ao Estado ou a outras entidades públicas - cfr. o disposto nos artigos 82.º e 84.º.

Como se sabe, a posse é uma instituição do comércio jurídico privado. Consequentemente, os bens do domínio público também não são usucapíveis[62], visto que não são suscetíveis de posse privada, por constituírem um conjunto de bens de que o Estado usufrui para os seus fins, usando dos poderes de autoridade, através do direito público.

Com efeito, por força do prescrito no n.º 2 do artigo 202.º do C.C., consideram-se fora do comércio jurídico (privado) todas as coisas que não podem ser objeto de direitos privados, tais como as que se encontram no domínio público e as que são, por sua natureza, insuscetíveis de apropriação individual.

O critério geral da dominialidade ou da qualidade das coisas públicas, segundo Manuel de Andrade[63], consubstancia-se na inalienabilidade e na imprescritibilidade do uso público a que as mesmas estão afetadas, a fim de não prejudicar a continuidade da satisfação das necessidades públicas a que provêm e de corresponderem, inteiramente, ao destino a que estão votadas[64].

[62] A propósito da aquisição da dominialidade de coisas públicas por usucapião veja-se o acórdão do TRC, de 26 de Julho de 1999, publicado na CJ/1999, Tomo IV, pág. 23, os Acórdãos do STJ de 19 de fevereiro de 1998, de 13 de julho de 2010, in CJ/STJ de 1998, Tomo I, pág. 96, de 2000, Tomo II, pág. 166 (Desafetação de coisas públicas), e de 26 de janeiro de 2016, in CJ/STJ de 2016, Tomo I, págs. 97 e segs., bem como o Assento do STJ de 19 de Abril de 1989, in BMJ n.º 386, pág. 121.

[63] In Teoria Geral da Relação Jurídica, I, 2.ª reimpressão, págs. 278 e segs.

[64] Sobre o ponto e subsequentes mutações dominiais ou transferências de domínio veja-se Ana Raquel Gonçalves Moniz, in O Domínio Público – O Critério e o Regime Jurídico da Dominialidade, 2006, págs. 488 e segs.

Para mais desenvolvimentos respeitantes ainda ao elenco dos bens excluídos por lei própria da usucapião, designadamente, o caso específico dos baldios[65], pode ver-se Pereira Rodrigues e Manuel Rodrigues[66].

7. Capacidade para adquirir por usucapião

Todos os que podem adquirir podem usucapir, por força do disposto no artigo 1289.º do C.C. Os incapazes podem adquirir por usucapião, por si (se tiverem o uso da razão) ou por intermédio dos seus representantes legais.

Como decorre também do artigo 1266.º podem adquirir posse os que têm uso da razão e ainda os que não têm, relativamente às coisas suscetíveis de ocupação.

Em face do que preceitua o artigo 67.º do C.C., as pessoas podem ser sujeitos de quaisquer relações jurídicas, salvo disposição legal em contrário; nisto consistindo a sua capacidade jurídica para usucapir, por força do disposto no artigo 1289.º do C.C. Os incapazes podem adquirir por usucapião, por si (se tiverem uso da razão) ou por intermédio dos seus representantes legais.

[65] Sobre esta matéria veja-se também, entre outros, o parecer proferido pelo CT no proc.º n.º R.P.43/97 DSJ-CT, publicado no BRN n.º 1/98, II Caderno, bem como o Acórdão do TRC, de 5 de maio de 1998, in CJ/1998, Tomo III, pág. 7.

[66] In Usucapião..., págs. 33 e segs., e A Posse..., págs. 120 e segs., respetivamente.
Vejam-se também, entre outros, os Acórdãos do STJ de 15 de setembro de 2011, de 20 de janeiro de 1999 e de 21 de novembro de 2000, publicados na CJ/STJ, 2011, Tomo III, pág. 276, Tomo I, pág. 53 e Tomo III, pág. 125, respetivamente.

Capítulo II
Justificação notarial
Considerações genéricas e antecedentes

1. A justificação notarial, criada pelo Decreto-Lei n.º 40603, de 18 de maio de 1956[67], apresentou-se, em certa medida, como uma novidade no nosso ordenamento jurídico, cujo objetivo consiste em facilitar o ingresso dos prédios no registo, suprindo a falta de documentos comprovativos da aquisição.

Estão em causa meios para facilitar o registo nos casos de inexistência de títulos bastantes e, especialmente, nos casos em que aos interessados não é possível a apresentação de documentos comprovativos de transmissões intermédias, quando os prédios já estão inscritos em nome de outrem.

Os diplomas que, no âmbito do registo predial, se lhe seguiram são adiante mencionados no capítulo dedicado ao processo de justificação, pelo se dispensa a sua referência.

[67] Anteriormente a Lei n.º 2049, de 6 de agosto de 1951, criou um procedimento extrajudicial para permitir a inscrição de direitos no registo predial, por quem os invocasse e não pudesse fazer prova por documento bastante. Esse procedimento traduzia-se numa declaração do proprietário, prestada sob juramento e confirmada por três testemunhas idóneas, que seria efetuada perante a autoridade administrativa competente. Mas já antes, desde 1918, havia sido criado um processo especial de justificação, que veio a ser regulado no Código do Registo Predial de 1929. Também fora do âmbito estritamente judicial foi criado em 1945 um procedimento administrativo que se desenrolava nas repartições de finanças com o objetivo de obter título para registo dos bens do domínio privado do Estado (cfr. Temas de Registos e de Notariado, 2010, Almedina, de J.A. Mouteira Guerreiro, pág. 97 e 98).

Todavia, abrimos uma exceção para o Decreto-Lei n.º 273/2001, de 13 de outubro.[68] Este diploma determinou que a partir de 1 de janeiro de 2002, data em que entrou em vigor, o processo de justificação, nos termos e para os efeitos do art. 116.º do Código do Registo Predial, passasse para as conservatórias, sendo decidido pelos conservadores.

Efetivamente, numa estratégia de desjudicialização de matérias que não consubstanciam verdadeiro litígio, o diploma procedeu à transferência de competências dos tribunais para os conservadores de registo em processos de caráter eminentemente registal.

Também introduziu alterações ao CN, em matérias de significativa relevância, mormente no que concerne à legitimidade para a outorga da escritura de justificação, assunto que merece o necessário desenvolvimento no capítulo V.

2. De qualquer modo, a justificação, com recurso ao processo ou à escritura pública, surgiu como um meio fácil e expedito para que os interessados que detivessem o direito, mas não dispusessem do título que, formal e legalmente, habilitasse à obtenção do registo[69], pudessem socorrer-se deste meio excecional.

Com esta providência de caráter singular pretende-se estabelecer o princípio do trato sucessivo, princípio basilar do registo predial, na modalidade de inscrição prévia e continuidade das inscrições.

Esclarecedoras são as palavras de Borges de Araújo quando afirma que "Na génese do sistema em que assenta a justificação notarial está o princípio registral do trato sucessivo. Partindo da ideia de que, respeitando este princípio, se poderia criar um documento que substituísse, para efeitos de registo, títulos faltosos, criou-se um sistema em que nos aparece a nova escritura, de natureza excecional, para apoiar e servir as necessidades do registo obrigatório, que se pretendia estabelecer.

[68] O art.º 8.º, n.º 2, deste diploma revogou expressamente o Decreto-Lei n.º 284/84, de 22 de agosto, que aprovava o processo de justificação judicial. Assim, a partir de 1 de janeiro de 2002, desapareceram as ações especiais de justificação judicial que eram requeridas ao juiz da comarca da situação do prédio.

[69] Se a justificação se destina a obter um título para registo, os direitos a ele não sujeitos estão excluídos do seu âmbito, como é o caso da propriedade de jazigos.

O novo título foi buscar ao princípio do trato sucessivo a sua razão de ser, servindo não só o registo obrigatório como o registo predial em geral, ao possibilitar registos que de outro modo seriam impossíveis."[70]

2.1. Recordemos o disposto no art. 54.º, n.º 2, do CN, respeitante às "Menções relativas ao registo predial". Dessa disposição resulta que os atos de transmissão de direitos ou constituição de encargos sobre prédios não podem ser celebrados sem que os bens estejam definitivamente inscritos a favor da pessoa de quem se adquire o direito ou da pessoa que constitui o encargo.

O legislador procurou, deste modo, assegurar a titulação dos atos e o seu registo, acrescentando maior segurança ao comércio jurídico, uma vez que só com intervenção do proprietário inscrito os bens imóveis podem ser alienados ou onerados – neste quadro, a justificação notarial constitui uma forma de obter a formalização atempada de certos negócios jurídicos.

Porém, na realidade, o que frequentemente sucede é que os interessados não estão munidos dos documentos indispensáveis para o registo.

Ora, foi justamente para ultrapassar essas dificuldades que surgiu a justificação, sempre designada de providência de natureza excecional, que possibilita, como referimos, o estabelecimento do trato sucessivo nas modalidades de inscrição prévia e continuidade das inscrições.

2.2. Mas, a justificação, com base em processo ou escritura pública, reafirma-se, só é admissível desde que ocorram certos pressupostos. Com efeito, É indispensável que se verifique uma total ausência de qualquer situação controvertida, pois a existência de qualquer dúvida quanto à real existência do direito por parte do justificante ou alguma indefinição, antagonismo ou litígio quanto ao prédio em causa inviabilizam o recurso à justificação.[71]

Na verdade, nem aos notários, nem aos conservadores, compete dirimir litígios, função que cabe exclusivamente aos tribunais, de acordo com o art. 202.º da Constituição da República.

Do mesmo modo, é evidente que as providências legislativas adotadas, tendo em vista superar as dificuldades expostas, atendem exclusivamente

[70] Prática Notarial, 2001, Almedina, 3.ª edição, pág. 337.

[71] Neste sentido Mouteira Guerreiro obra citada.

aos problemas de falta de título e não de falta de direito. Assim, a certeza credível de que o direito existe e o convencimento do notário quanto à sua existência são essenciais para a realização da justificação.

Relembra-se ainda, porque oportuna, a doutrina firmada no IRN, ínsita na primeira conclusão extraída no proc.º n.º R.P. 153/2010 SJC-CT, que se transcreve: " - Em face do disposto no artigo 116.º do Código do registo Predial, a escritura de justificação notarial constitui um meio de suprimento da falta de título para registo, não sendo, por isso, admissível para outros fins, como seja o de obter a retificação da descrição quanto à área do prédio."[72]

[72] No mesmo sentido vd. Ac do STJ de 14.01.1997, acessível em http://www.stj.pt/jurisprudencia/basedados.

Capítulo III
A Justificação notarial para fins de registo predial

Secção I
Introdução

A escritura de justificação constitui um dos modos necessários para o estabelecimento do trato sucessivo em registo predial, pois permite aos interessados titular factos jurídicos relativos a imóveis que não possam ser provados pela forma original.[73]

A justificação notarial integra um dos atos que não foi objeto da denominada desformalização, particularmente da que foi introduzida pelo Dec--Lei n.º 116/2008, de 4 de julho,[74] continuando a figurar no elenco de atos previsto no art. 80.º do CN[75] (cfr. n.º 2, alínea a). Permanece assim na competência dos notários, tendo apenas como contraponto a justificação realizada com recurso ao processo de justificação celebrado nas conservatórias, nos termos dos artigos 116.º e seguintes do CRP.

As modalidades da justificação notarial para fins de registo predial estão previstas nos artigos 89.º, 90.º e 91.º do CN.

[73] Vd. Ac. do STJ de 09.07.2015, acessível em http://www.dgsi.pt/jstj.

[74] Como refere o seu preambulo, o diploma "aprova medidas de simplificação, desmaterialização e desformalização de actos e processos na área do registo predial e de actos notariais conexos, assim concretizando uma medida do programa simplex."

[75] Este artigo contém o elenco dos atos que, salvo disposição legal em contrário, devem especialmente celebrar-se por escritura pública.

Secção II
Para obter a primeira inscrição

1. Prevista no art. 89.º do CN, a justificação para os efeitos do n.º 1 do art. 116.º do CRP, respeita a prédios não descritos ou, se descritos, quando sobre eles não incida inscrição de aquisição ou equivalente.

Nesta escritura o interessado efetua declarações que consubstanciam a afirmação de que, com exclusão de outrem, é titular do direito que se arroga.[76] Compete-lhe ainda especificar a causa da sua aquisição, referindo as razões que o impossibilitam de a comprovar pelos meios normais (cfr.n.º 1, do art. 89.º do CN).

Sempre que alegada a usucapião com base em posse não titulada, devem ser expressamente mencionadas as circunstâncias de facto que determinaram o início da posse, bem como as que consubstanciam e caracterizam a posse geradora de usucapião (cfr. n.º 2, do art. 89.º do CN).[77]

1.1. Embora tendo merecido algum desenvolvimento no capítulo I, a usucapião carece também aqui de algumas considerações.

A posse consiste no poder que se manifesta quando alguém atua por forma correspondente ao exercício do direito de propriedade ou de outro direito real (cfr. art. 1251.º do CC).

[76] O Ac. da RC de 17.04.12, conclui que: «A circunstância de um interveniente numa escritura pública prestar uma declaração contrária à verdade não origina falsidade daquela. Aliás, como é sabido, "o valor probatório pleno do documento autêntico não respeita a tudo o que se diz ou se contém no documento, mas somente aos factos que se referem praticados pela autoridade ou oficial público respetivo (ex: procedi a este ou aquele exame), e quanto aos factos que são referidos no documento com base nas perceções de entidade documentadora. Se, no documento, o notário afirma que, perante ele, o outorgante disse isto ou aquilo, fica plenamente provado que o outorgante disse, mas não fica provado que seja verdadeira a afirmação do outorgante, ou que esta não tenha sido viciada por erro, dolo ou coação, ou que o ato não seja simulado(...)"». O aresto está disponível em http://.dgsi.pt/jtrc.

[77] A propósito de impugnação de escritura de justificação notarial, o Ac. do STJ de 09.07.2015, acessível em http://www.dgsi.pt/jstj, refere «que a lei intima o(s) justificantes(s) a, logo na respetiva escritura, a indicar(em) "as circunstâncias de facto que determinam o início da posse", bem como as que "consubstanciam e caracterizam a posse"- art. 89.º, n.º 2 do CN –, não sendo suficiente a menção de conceitos jurídicos abstratos para atribuir à posse as qualidades para usucapir, devendo aludir-se às circunstâncias e aos atos materiais caracterizadores daquela posse e aos factos concretos que permitam ilustrar as características da mesma.»

Quando mantida por certo lapso de tempo, a posse faculta ao possuidor, salvo disposição em contrário, a aquisição do direito a cujo exercício corresponde a sua atuação: a usucapião (cfr. art. 1287.º do mesmo Código). Doutrinariamente é designada de aquisição originária.[78]

A usucapião é, por excelência, o modo de aquisição de direitos reais[79] e tem efeitos retroativos à data do início da posse (cfr. art. 1288.º do CC). Para isso é preciso que o justificante prove as características da posse imprescindíveis à verificação desse modo de aquisição e que seja mencionada a data em que a posse começou a ser exercida, tendo em vista a contagem do prazo, que permite a aquisição.

Quando falamos de aquisição com base em usucapião sempre falamos em posse pública e pacífica, visto que, por um lado, só a posse que pode ser conhecida pelos interessados e a que é adquirida sem violência, são suscetíveis de conduzir a este modo legítimo de adquirir. A boa ou má-fé e a existência ou não de título apenas influenciam o prazo para a aquisição do direito.

A usucapião traduz, assim, uma aquisição originária baseada na posse e sem intervenção do anterior titular do direito, totalmente alheio ao facto aquisitivo.[80]

1.2. A propósito da data do início da posse, é indispensável que se aluda aos casos em que é essencial determinar se a posse se iniciou antes ou depois da data do casamento, para assim determinar a natureza do bem objeto

[78] Dada a inexistência de um transmitente, ao contrário da aquisição derivada.

[79] Como refere Fernando Pereira Rodrigues in Usucapião Constituição Originária De Direitos Através Da Posse, Almedina, pág.16, em princípio são usucapíveis todos os direitos reais de gozo, visto que a lei nada diz em contrário face à regra geral estabelecida no art.º 1287.º do CC. Os seguintes arts. do CC consagram a usucapião como forma de aquisição do direito: 1316.º (propriedade em geral). 1390.º, n.º 2, (aproveitamento de fontes e nascentes), 1417.º, n.º 1 (propriedade horizontal), 1440.º (usufruto), 1528.º (direito de superfície) e 1547.º, n.º1, (servidões prediais aparentes).

[80] Por se revelarem oportunas, mas não pacíficas, transcrevem-se as duas primeiras conclusões do parecer dos Serviços Técnicos publicado no BRN n.º 4/96, a pág. 15:
" I – A aquisição por acessão industrial imobiliária prevista no artigo 1340.º do Código Civil é originária e decorre do exercício de um direito potestativo.
II – A escritura de justificação celebrada pelo construtor da obra para comprovar aquela aquisição – sem intervenção, por conseguinte, do titular do direito de propriedade do solo - sendo o meio inadequado para esse fim, é nula por contrariar o que dispõem os artigos 116.º do Código do Registo Predial e 1340.º do Código Civil – cf. artigos 294.º e 295.º deste último diploma."

da justificação. É que fora do regime da separação ou dos casos em que a posse se iniciou após a dissolução do casamento, o prédio só pertence à esfera patrimonial própria do justificante se o regime de bens do casamento tiver sido o da comunhão de adquiridos e a posse se tiver iniciado antes do casamento ou na vigência da separação judicial de bens (art.s 1770.º e 1795.º-A do CC), ou ainda se existir convenção antenupcial que expressamente estipule a incomunicabilidade dos bens adquiridos por esse modo.[81]

[81] Como se refere no Parecer do Conselho Técnico do IRN emitido no proc.º n.º R.P. 39/2011 SJC-CT, em que o viúvo se arroga, com exclusão de outrem, dono e legítimo possuidor de prédio. Diverso seria se apenas um dos cônjuges outorgasse a escritura, qualificando o bem como bem comum do casal, mas sobre esta questão deter-nos-emos mais adiante, quando nos reportarmos especificamente à ampliação da legitimidade para outorgar a escritura.

Secção III
Para reatamento do trato sucessivo

1. Prevista no art. 90.º do Código do Notariado, trata-se da justificação para os efeitos do n.º 2 do art. 116.º do Código do Registo Predial, naqueles casos em que o adquirente possui um título aquisitivo e pretende registar o prédio a seu favor, mas verifica-se que quem lhe transmitiu o prédio não foi o titular inscrito.

1.2. No entanto, sucede que, nem o transmitente, nem outros de quem tenha adquirido, dispõem do documento comprovativo da sua aquisição. Nessa medida, há que reconstituir as sucessivas transmissões a partir do titular da última inscrição até ao adquirente, por meio de declarações prestadas pelo justificante na escritura com especificação das suas causas e identificação dos respetivos sujeitos, mencionando, relativamente às transmissões em que afirme ser impossível obter o título, as razões dessa impossibilidade. Trata-se, portanto, de suprir esses documentos em falta que, poderão até ter existido, mas que não se localizam.

Assim, na hipótese de reatamento do trato sucessivo, em que se pretende comprovar uma aquisição derivada intermédia, por definição não está em causa a usucapião.[82]

[82] No proc.º n.º R.P. 125/2011 SJC-CT consta que "A escritura de justificação em que o justificante declare
ter comprado aos respetivos titulares inscritos, por escritura de compra e venda celebrada em cartório indeterminado de certa localidade, em indeterminada data de certo ano, determinado prédio descrito, a qual escritura de compra, apesar das buscas efetuadas, não foi possível localizar, e em que, isso declarado, seguidamente declare o justificante que desde a data de tal escritura se encontra na posse do identificado prédio em termos tais que lhe permitem invocar, como efetivamente invoca, a aquisição do bem por usucapião com vista ao estabelecimento de novo trato sucessivo, valerá, sem embargo desta expressa invocação e desta expressa assumida finalidade, não como título de justificação para estabelecimento de novo trato, mas, antes, como título de justificação para reatamento do trato sucessivo pré-estabelecido; consequentemente, o registo da aquisição assim justificada será um registo de aquisição derivada, tendo por causa a compra, e não um registo de aquisição originária, tendo por causa a usucapião."

Secção IV
Para estabelecimento de novo trato sucessivo

1. A justificação prevista no art. 91.º do Código do Notariado, nos termos do n.º 3 do art. 116.º do Código do Registo Predial, ocorre quando não existem as sucessivas transmissões e não apenas falta de documentos desde o titular inscrito.

Com efeito, verifica-se uma quebra na cadeia de aquisições derivadas por abandono do proprietário, o inscrito ou outro subsequente, que obriga o justificante a invocar a posse conducente à usucapião, enquanto causa originária de aquisição.

Como Refere Mouteira Guerreiro "Rompeu-se o trato sucessivo e a certa altura – designadamente por ter havido abandono por parte desse titular – começou a formar-se, a estabelecer-se, um novo trato, que já nada tem a ver com o anterior precisamente porque emerge não de uma aquisição derivada a partir dele, titular inscrito, mas sim de uma aquisição originária que se inicia contra ele, ou que pura e simplesmente o esqueceu, já que pressupõe ter havido por parte daquele titular inscrito um abandono do seu direito."[83]

1.2. Quando se invoca a justificação para estabelecimento de novo trato sucessivo o interessado deve referir as circunstâncias em que baseia a aquisição originária com dedução das transmissões que a tenham antecedido e das subsequentes.

A esta justificação é aplicável o disposto no n.º 2 do art. 89.º e nos n.ºs 2 e 3 do art. 90.º do CN.

[83] InTemas de Registos e de Notariado, 2010, Almedina, pág. 100.

Capítulo IV
Interessados (justificantes) e declarantes

Secção I
Aplicabilidade das regras previstas no art. 84.º do CN

Os arts 89.º e 91.º do Código do Notariado, atrás mencionados, utilizam na designação da entidade que presta as declarações que enformam a escritura, o termo interessado. O art. 90.º menciona antes justificante. A estes últimos intervenientes (justificantes) voltaremos no capítulo seguinte, a propósito da legitimidade para outorgar a escritura de justificação. Mas outros intervenientes têm o papel de corroborar as declarações por estes prestadas, os denominados declarantes, que são três.[84] A estes são aplicáveis as regras previstas no art. 84.º do CN, que à habilitação de herdeiros se reporta, isto é, têm de reunir os requisitos de idoneidade das testemunhas instrumentárias e não podem ser parentes sucessíveis do justificante nem o cônjuge de qualquer deles (cfr. art. 96.º).[85]

[84] A propósito de distrate de escritura de justificação (e, necessariamente, também revogação ou retificação), transcrevemos o comentário efetuado no Parecer do Conselho Técnico do IRN emitido no Proc.º n.º R.P.241/2004 SJC-CT:«A intervenção no "Distrate" de declarantes que não intervieram na "Justificação" não constituiria obstáculo, porquanto, como sustenta o Senhor Notário, inexiste – e seria absurda norma que o exigisse – lei que exija que os declarantes tenham que ser os mesmos numa e noutra escrituras.»

[85] Sobre os casos de incapacidade ou inabilidade dos intervenientes acidentais, em que se incluem as testemunhas instrumentárias ver o art. 68.º do CN.

Secção II
A declaração de inconstitucionalidade do art. 97.º do CN

1. O art. 97.º do Código do Notariado prevê que os outorgantes sejam "advertidos de que incorrem nas penas aplicáveis ao crime de falsas declarações perante oficial público se, dolosamente e em prejuízo de outrem, prestarem ou confirmarem declarações falsas, devendo a advertência constar da escritura."[86]

1.1. Porém, a requerimento do Ministério Público junto do Tribunal Constitucional, considerando que se encontrava preenchido o requisito exigido pelo artigo 82.º da LTC[87] e de acordo com o disposto no art. 281.º, n.º 3, da Constituição, na sequência de cinco decisões proferidas em processos de fiscalização concreta da constitucionalidade, que concluíram pela inconstitucionalidade da norma do citado art. 97.º, o Tribunal foi chamado a pronunciar-se com vista à apreciação da inconstitucionalidade dessa norma do Código do Notariado, aprovado pelo Decreto-Lei n.º 207/95, de 14 de agosto.[88]

1.2. Ora, o Acórdão n.º 96/2015, de 3 de fevereiro, declarou a inconstitucionalidade, com força obrigatória geral, da norma do art. 97.º do CN, com fundamento em inconstitucionalidade orgânica, por violação da reserva relativa de competência legislativa da Assembleia da República, prevista na alínea c), do n.º 1, do art. 165.º da Constituição.[89]

[86] Mónica Jardim in "A Evolução Histórica da Justificação de Direitos de Particulares para Fins de Registo Predial e a Figura da Justificação na Actualidade, refere a pág. 64, "as falsas declarações não conduzem nem à falsidade da escritura de justificação, nem geram a sua nulidade."

[87] Lei de Organização, Funcionamento e Processo do Tribunal Constitucional.

[88] Na parte II, ponto 4. do Acórdão – Fundamentação - refere-se textualmente que "De acordo com o disposto no n.º 3 do artigo 281.º da Constituição, e no artigo 82.º da LCT, o Tribunal Constitucional aprecia e declara, com força obrigatória geral, a inconstitucionalidade ou ilegalidade de qualquer norma, desde que tenha sido por ele julgada inconstitucional ou ilegal em três casos concretos." Efetivamente, o Tribunal Constitucional já se havia pronunciado pela inconstitucionalidade da mesma norma incriminadora no Acórdão 379/2012, bem como nas Decisões Sumárias n.ºs 120/2013, 162/2013, 163/2013 e 514/2013.

[89] Publicado no Diário da República, I série, n.º 43, de 3 de março de 2015.

1.3. Recorda-se que a decisão esteve longe da unanimidade, como evidencia a declaração de voto da Meritíssima Juíza, Dr.ª Maria de Fátima Mata-Mouros, de que se transcreve um excerto do ponto 5.: "A invalidação do art. 97.º do Código do Notariado suscita ainda uma perplexidade: no momento em que é dado conteúdo jurídico útil à advertência com a consagração do tipo penal relativamente ao qual a pessoa é advertida (o tipo penal genérico de crime de falsas declarações como o atualmente previsto no artigo 348.º-A do Código Penal), a mesma advertência é declarada inconstitucional. Ora, esta declaração suscita interrogações adicionais, designadamente ao nível da justificação da reação penal para a incriminação dos outorgantes pelo crime de falsas declarações perante oficial público independentemente da verificação de qualquer advertência das consequências criminais da sua conduta. A uma advertência sem sanção (criminal) deverá seguir-se uma sanção criminal sem prévia advertência?"

1.4. Manifestamos a nossa concordância com a posição defendida na declaração de voto referida, uma vez que, face à apontada declaração de inconstitucionalidade, parece ficar legitimada a ausência da advertência na escritura.

Capítulo V
Ampliação da legitimidade

Secção I
Legítimo interesse

1. O artigo 92.º, n.º2, do Código do Notariado, na redação que lhe foi introduzida pelo Decreto-Lei n.º 273/2001, de 13 de outubro, prevê que "Além do pretenso titular do direito, tem legitimidade para outorgar como justificante quem demonstre ter legítimo interesse no registo do respetivo facto aquisitivo, incluindo designadamente os credores do titular do direito justificando."[90]

Na realidade, o que a letra do preceito traduz é uma alteração de fundo quanto à legitimidade para a outorga da escritura de justificação, posto que na sua versão anterior só o pretenso titular do direito podia intervir na escritura, sendo exigido que o direito justificando estivesse inscrito na matriz em seu nome, ou de quem tivesse adquirido o direito por sucessão ou por ato entre vivos.

1.1. Consequentemente, com esta reconhecida ampliação, passou a ter legitimidade para outorgar a escritura não só quem se arrogue titular do direito, assim como todos aqueles que demonstrem ter legítimo interesse no registo do facto aquisitivo, de que são um exemplo, merecedor de consagração legal expressa, os credores do titular do direito justificando.

[90] O art. 117.º-A, n.º 2, do Código do Registo Predial tem idêntica redação.

Naturalmente que podem considerar-se outros casos de interesse legítimo, designadamente os fiadores do possuidor, ou qualquer pessoa que tenha assumido uma garantia real ou pessoal.[91]

Ao referir interesse legítimo, parece que o legislador quis adaptar a norma às especificidades de cada caso concreto, particularizando a situação com recurso a um conceito indeterminado, mas deixando ao notário a apreciação da demonstração desse interesse legítimo na justificação que se reclama. [92]

1.2. Em explicitação do que se referiu, relembra-se a doutrina constante da Deliberação do Conselho Técnico do Instituto dos Registos e do Notariado, de 30.11.2004, publicada no II caderno do BRN n.º 10/2004, a pág. 47 e seguintes:

> "I- A admissibilidade da justificação de direitos sobre prédios (tal como na anterior formulação) impõe a sua prévia inscrição na matriz;
> II – Têm legitimidade para outorgar como justificantes os titulares das inscrições matriciais; porém, no atual contexto,
> III – Tem-na também quem demonstre ter legítimo interesse na justificação do direito e respetiva aquisição tabular, designadamente os credores do titular do direito justificando; como é óbvio,
> IV – Subsiste tal legitimidade para quem tenha adquirido validamente do titular da inscrição, por sucessão ou por ato entre vivos, o direito a que a justificação respeita; finalmente,
> V – É pretenso titular do direito – e como tal tem legitimidade para outorgar a escritura de justificação – quem pretenda invocar a seu favor a usucapião de direito de propriedade ou de outro direito real sobre prédio definitivamente inscrito na matriz em nome de outrem."

[91] A este propósito vd. proc.º n.º C.P. 41/2014 STJ-CC, pág. 10.
[92] Nesse sentido vd. o mesmo P.º n.º C.P./41/2014 STJ-CC, pág.10.

Secção II
Início da posse

1. A propósito da justificação para obter a primeira inscrição e da necessidade de mencionar na escritura a data do início da posse, para aferir da comunicabilidade do bem usucapido (Cap III, secção II), mencionou-se que era essencial determinar se a posse se iniciou antes ou depois da data do casamento, para assim determinar a natureza do bem objeto da justificação, "Isto porque, fora do regime da separação ou dos casos em que a posse se iniciou após a dissolução do casamento, o prédio só merece pertencer à esfera patrimonial própria do justificante se o regime de bens do casamento tiver sido o da comunhão de adquiridos e a posse tiver começado antes do casamento ou na vigência da separação judicial de bens (art.s 1770.º e 1795.º-A do CC), ou ainda se existir convenção antenupcial que expressamente estipule a incomunicabilidade dos bens adquiridos por esse modo (regime misto)."[93]

1.1. Mas, face à evidente ampliação da legitimidade para a outorgar como justificante, a que aludimos na secção anterior, permitindo-se agora que o ato seja outorgado por quem demonstre ter legítimo interesse no registo do facto aquisitivo, parece que terá de concluir-se pela perda de atualidade da doutrina firmada em anteriores pareceres[94], sobre a necessidade de intervenção de ambos os cônjuges, para asseverar a data do início da posse.

Pode, pois, apenas um dos cônjuges outorgar a escritura, qualificando o bem como bem comum do casal.

1.2. Sobre a matéria discorre ainda o proc.º. R.P. n.º 39/2011 SJC-CT, de que transcrevemos a conclusão

"II – Considerando o disposto nos artigos 1721.º, 1722.º/2/b, 1732.º e 1733.º, todos do Código Civil, deve ser efetuado como provisório por dúvidas o registo de aquisição por usucapião, com base em escritura de justificação notarial que identifique o possuidor como viúvo sem indicar o

[93] Cfr. proc.º n.º R.P. 39/2011 SJC-CT

[94] Designadamente, no proc.º n.º R.P. 48/2006 DSJ-CT, na sua conclusão IV, a pág. 15.

estado civil à data do início da posse e, sendo casado, o nome do cônjuge e o regime de bens do casamento."[95]

1.3. Igualmente, não pode deixar de referir-se que o herdeiro sozinho pode outorgar escritura de justificação, para obtenção de título para o registo em comum e sem determinação de parte ou direito a favor dos herdeiros, que tenha como causa a usucapião.[96]

[95] A pág. 9.

[96] Neste sentido, pode vd. proc.º nº C.P. 41/2014, a pág. 11.

Capítulo VI
Restrições à admissibilidade da justificação

Secção I
Inscrição na matriz

1. De acordo com o disposto no artigo 92.º, n.º1, do Código do Notariado, a justificação notarial de direitos que nos termos da lei fiscal devam constar da matriz, só é admissível relativamente aos direitos nela inscritos.

Como atrás se referiu, a redação atual do n.º 2 deste artigo foi introduzida pelo Decreto-Lei n.º 273/2001, de 13 de outubro, diploma que, todavia, deixou inalterável a formulação do seu n.º 1.

Importa referir que também deu uma nova versão ao art. 117.º-A do Código do Registo Predial, alusivo ao processo de justificação, permitindo que à data da instauração do processo de justificação apenas tivesse sido pedida a inscrição dos prédios na matriz.

Esta questão da necessidade da inscrição dos prédios na matriz, como pressuposto da realização da escritura de justificação, tem sido objeto de muita controvérsia. Na verdade, havia quem entendesse que a justificação notarial também poderia ter lugar apenas com a participação à matriz dos prédios omissos.

1.1. Sobre o assunto permitimo-nos citar o parecer proferido no proc.º n.º R.P. 33/99 DSJ-CT, publicado no II caderno do BRN n.º 9/99[97], onde foram extraídas as conclusões que parcialmente se transcrevem:

[97] A pág. 23 e seguintes.

"V - De acordo com a norma do artigo 92.º, n.º,1 do Código do Notariado, a inscrição matricial, na medida em que constitui presunção da existência do prédio, é pressuposto essencial da admissibilidade de justificação notarial de direitos que, nos termos da lei fiscal, devam constar da matriz.

VI – Esta norma tem caráter imperativo e, atendendo ao seu escopo ou finalidade, a sua violação implica a nulidade do ato jurídico (arts. 294.º e 295.º do Código Civil)."

1.2. No mesmo sentido, o Ac da RL, de 03.10.2000[98], com o seguinte sumário:

«I – O artigo 92.º, n.º 1, do Código do Notariado, ao estabelecer que "a justificação de direitos que, nos termos da lei fiscal, devam constar da matriz, só é permitida em relação aos direitos nela inscritos", constitui norma com disposição de caráter imperativo, pelo que a sua violação importa a nulidade do ato, salvo se outra solução resultar da lei.

II – Para o prédio objeto da justificação notarial poder ser registado na Conservatória a favor do justificante, tem ele de ter uma inscrição própria, autónoma na matriz, e não de fazer parte de outro artigo matricial, pois neste caso a escritura de justificação notarial é nula.»

2. Pese embora a apontada divergência de entendimentos, considerando a doutrina e a jurisprudência referidas, alicerçadas na redação do preceito citado, e ainda ponderadas as circunstâncias atuais, há que considerar-se que a prévia inscrição do prédio na matriz é imprescindível à realização da escritura de justificação notarial.

[98] Acessível em http://www.dgsi.pt/jtrl.

Secção II
A licença de utilização

1. A obrigatoriedade de apresentação de licença de utilização em escrituras de justificação de prédios urbanos foi também objeto de alguma controvérsia.

A disciplina imposta pelo comando ínsito no art. 4.º do Decreto-Lei n.º 281/99, de 26 de julho, demanda que à justificação notarial se apliquem as regras relativas à transmissão de prédios urbanos.

Como é sabido, esse diploma pretendeu superar divergências de entendimento suscitadas pelo art. 44.º da Lei n.º 46/85, de 20 de setembro, na redação que lhe foi introduzida pelo Decreto-Lei n.º 74/86, de 23 de abril, no sentido de saber se, para a transmissão de prédios urbanos, era exigível a licença de utilização ou simplesmente a licença de construção.[99]

Preceitua o art. 1.º do citado Decreto-lei n.º 281/99, na sua primitiva redação[100]:

"1.- Não podem ser celebradas escrituras públicas que envolvam a transmissão da propriedade de prédios urbanos ou de suas frações autónomas sem que se faça perante o notário prova (...) da existência da correspondente licença de utilização, de cujo alvará, ou isenção de alvará, se faz sempre menção expressa na escritura."

O legislador pretendeu, assim, que as escrituras de justificação de prédios urbanos fossem instruídas com a respetiva licença de utilização, ou com o documento comprovativo da sua isenção, sendo o caso, disso se fazendo menção na escritura.

1.1. Com efeito, o assunto chegou mesmo a ser submetido a apreciação do Conselho Técnico no âmbito do proc..º n.º C.N. 27/2000 DSJ-CT[101], tendo-se concluído na respetiva Deliberação que o legislador quis condicionar a justificação de direitos sobre prédios urbanos à comprovação da existência da licença de utilização, criando um novo requisito de admissibilidade.

[99] Assunto que não é abordado nesta sede.

[100] A atual redação, introduzida pelo Decreto-Lei n.º 116/2008, de 4 de julho, prevê, além da entidade que celebrar a escritura pública, também a que autenticar o documento particular, no que respeita aos atos de transmissão da propriedade de prédios urbanos ou de suas frações autónomas.

[101] Publicado no II caderno do BRN n.º 6/2002, a pág. 5 e seguinte.

Exige-se, pois, prova documental da licença de utilização ou da sua dispensa, no caso de o imóvel ter sido construído ou inscrito na matriz antes de 07.08.1951. ou em data posterior, caso o Regulamento Geral das Edificações Urbanas ainda não tivesse entrado em vigor no respetivo concelho.

A doutrina plasmada na citada Deliberação não foi pacífica e mereceu voto de vencido do vogal do mesmo Conselho, Dr. Carvalho Botelho, do teor que se transcreve:

"1. Estão excluídas da exigência da apresentação da prova da existência do alvará de licença de utilização as escrituras de justificação notarial de prédios urbanos, que sejam alicerçadas com base em usucapião, uma vez que se está perante uma situação de aquisição originária e, por isso, incompatível com qualquer ideia de transmissão.
2. Só nas escrituras de justificação para reatamento do trato sucessivo, em que se mostre necessário proceder à reconstituição de títulos intermédios que envolvam a transmissão, inter vivos, de prédios urbanos para fazer a necessária aglutinação com as inscrições constantes do registo predial, é que será necessário fazer a prova a que alude a conclusão n.º 1 ou, eventualmente, a prova da sua dispensabilidade, nos termos consentidos por lei."

1.2. Também os tribunais não se pronunciaram unanimemente.

1.2.1. O Tribunal da Relação de Guimarães decidiu que "só nas escrituras de justificação para reatamento do trato sucessivo em que se mostre necessário proceder à reconstituição de títulos intermédios que envolvam a transmissão de prédios urbanos será necessário fazer prova da licença de utilização."

1.2.2. Posteriormente, o Tribunal da Relação de Coimbra manifestou entendimento diverso, decidindo no sentido que se transcreve:

"1. A escritura de justificação notarial pode servir para suprir a falta do título necessário para a primeira inscrição no registo predial.
2. É, porém, exigível a licença de utilização (ou de construção) para todos os casos de justificação notarial previstos no art. 116.º do CRP.

3. Devendo o conservador recusar o registo definitivo da primeira inscrição se não constar da escritura de justificação notarial a existência da licença de utilização (ou de construção se for caso disso) para o prédio dela objeto."

1.3. Ainda sobre a mesma matéria, relembra-se o conteúdo da doutrina firmada no Parecer proferido no proc.º n.º R.P. 39/2011 SJC-CT, de cuja conclusão III consta:

> " A exigência estabelecida no artigo 4.º do Decreto-lei n.º 281/99, de 26 de julho, aplica-se a todas as modalidades de justificação previstas no art 116.º do Código do Registo Predial, porquanto o preceito legal não distingue consoante se trate do reatamento do trato sucessivo ou do seu estabelecimento."

Capítulo VII
A justificação para fins de registo comercial

Secção I
Antecedentes

O Decreto-Lei n.º 42644, de 14 de novembro de 1959, foi o diploma que introduziu transitoriamente a justificação notarial para fins de registo comercial. Verificados certos condicionalismos, as sociedades por quotas podiam socorrer-se deste meio para suprir a falta de título para registo de alterações introduzidas ao pacto social, efetuando a sua reconstituição, quando se verificasse impossibilidade de fazer a correspondente prova pelos meios extra judiciais normais.[102] Posteriormente, o Decreto-Lei 47611, de 28 de março, de 1967, veio permiti-la para as sociedades comerciais e sociedades civis por forma comercial, para suprir a falta de título para registo, exclusivamente para a transmissão da propriedade ou do usufruto de quotas ou partes de capital social ou a divisão ou unificação de quotas, nos termos prescritos na lei notarial, mediante o reatamento do trato sucessivo.[103]

[102] Arts. 16.º e 17.º do diploma.

[103] Art. 3.º do diploma.

Secção II
Quando pode ocorrer

1. O Código do Notariado dedicou às escrituras de justificação para fins de registo comercial o art. 94.º, disposição que elenca os casos em que pode ocorrer: Para efeitos de registo da transmissão da propriedade ou do usufruto de quotas ou de partes do capital social ou da divisão ou unificação de quotas de sociedades comerciais, ou civis sob forma comercial, tendo por objeto a dedução do trato sucessivo a partir da última inscrição, ou o estabelecimento de novo trato sucessivo (n.º 1); Para obter a declaração de dissolução de sociedade, nos termos do art. 141.º do CSC (n.º 2).

1.1. Nesse artigo 94.º existe uma remissão expressa para os nºs 2 e 3 do artigo 90.º do CN e também para o disposto no n.º 2 do artigo 89.º do mesmo Código, sendo caso disso, para a justificação prevista no citado n.º 1 do artigo 94.º.

1.2 Face à controvérsia existente sobre a possibilidade de as participações sociais serem objeto de usucapião, afigura-se-nos que a remissão, a que acima aludimos, efetuada para o n.º 2 do indicado artigo 89.º constitui um argumento basilar para a defesa de uma posição em sentido afirmativo.

A elucidar essa diversidade de entendimentos, a propósito das quotas sociais, citamos João Carlos Gralheiro, que, na ROA, ano 59, Dezembro de 1999, pg. 1137, afirma: "parece que não podem resultar dúvidas sobre a admissibilidade legal da aquisição por usucapião de quotas sociais, pelo que os atos praticados pelos sócios, designadamente, participando em assembleias gerais, votando, sendo eleitos, subscrevendo aumentos de capital social, etc., feitos de uma forma permanente, durante um certo lapso de tempo, à vista de toda a gente e sem oposição de ninguém, como se de uma coisa (ou direito) própria(o) se tratasse e na convicção de que não ofendiam direitos de terceiros, permitir-lhes-á a invocação da aquisição originária dos seus direitos de propriedade sobre quotas, por usucapião."

Em sentido contrário, indicamos Ac. da RL de 09.07.1991, que refere: "Face à lei que nos rege uma quota social é insuscetível de posse que, legalmente possa conduzir à sua aquisição."[104] A fundamentação utili-

[104] Acessível em http://www.dgsi.pt/jrl.

zada baseia-se no facto da quota não ser uma coisa corpórea, assumindo--se como um feixe de direitos e obrigações, que não são apenas de caráter patrimonial, como a participação nos lucros, mas também de natureza corporativa, a que respeitam, designadamente, a participação pelo voto para a formação da vontade coletiva.

2. Atenta a letra do citado art. 94.º, n.º 1, impõe-se fazer referência às alterações introduzidas ao CSC pelo Decreto-Lei n.º 76-A/2006, de 29 de março, para relembrar que o diploma revogou o art. 31.º do CRC, que consagrava o princípio do trato sucessivo em registo comercial.

Como é sabido, a titulação dos factos relativos a quotas era sujeita a escritura pública, o que hoje já se não verifica, visto que o escrito particular é documento bastante para o efeito, assim como já não compete ao conservador a verificação da regularidade do facto titulado.

Com efeito, o registo da transmissão da propriedade ou do usufruto de quotas ou de partes do capital social e a divisão e unificação de quotas efetua-se por depósito,[105] pelo que não está sujeito a qualificação do conservador e é à sociedade que incumbe promover os registos relativos a factos, em que tenha tido intervenção, devendo ser observada a ordem dos respetivos registos e a regularidade da titulação dos factos jurídicos praticados sobre as participações sociais (cfr. art. 53.º-A, n.º 5, do CRC e arts. 242.º-B a 242.º-E do CSC).

2.1 O art. 29.º-A do CRC permite que, além da sociedade, outros interessados possam solicitar na conservatória a promoção do registo, como sejam, designadamente, os adquirentes das quotas e os seus credores.[106]

Para que a sociedade possa promover o registo de atos modificativos da titularidade de quotas e de direitos sobre elas é necessário que neles tenha intervindo o titular registado, conforme dispõe o art. 242º-D do CSC. De notar que, de acordo com o art. 12.º do CRC, "o facto registado em primeiro lugar prevalece sobre os que se lhe seguirem, relativamente às mesmas quotas ou partes sociais, segundo a ordem do respetivo pedido".

[105] Que consiste num mero arquivamento dos documentos que servem de base ao registo.

[106] Sobre a matéria pronunciou-se o Conselho Consultivo do IRN, no âmbito do proc.º n.º R.Co. 14/2013 STJ-CC.

Embora, como supra referimos, o Decreto-Lei n.º 76-A/2006, tenha revogado o citado art. 31.º do CRC, é certo que podemos descortinar uma substituição do revogado princípio do trato sucessivo, quando se fixa a obrigatoriedade da sociedade requerer o registo, apenas quando o titular inscrito tiver tido intervenção nos factos modificativos da titularidade de quotas e direitos sobre elas.

Secção III
Dedução do trato sucessivo e estabelecimento de novo trato sucessivo

1. A apontada justificação para o registo de aquisição da propriedade ou do usufruto de quotas ou de partes do capital social ou da divisão ou da unificação de quotas de sociedades comercias, ou civis sob forma comercial pode suceder em dois casos, tendo em consideração o disposto nos n.ºs 1 e 3 do art 94.º[107]:

1.1. Dedução do trato sucessivo

Sendo certo que teremos de adotar a disciplina própria do registo predial, sem contrariar, naturalmente, a natureza do registo comercial, a dedução do trato sucessivo terá lugar quando se tornar necessário reconstituir documentos que foram celebrados de acordo com a lei em vigor ao tempo, naquelas situações em que a sequência dos atos relativos à mudança da titularidade de quotas ou partes sociais e de direitos sobre elas não foram interrompidas desde o titular inscrito até ao último titular, mas verifica-se a falta do documento que comprove as transmissões intermédias. Serão os casos de extravio de documento, da sua destruição num incêndio ou até por não se localizar o serviço onde foi lavrado ou outro motivo que possa ser considerado.

Nesta circunstância, há que reconstituir as sucessivas transmissões a partir do titular inscrito, por meio de declarações prestadas pelos gerentes ou administradores da sociedade ou pelos titulares do respetivo direito, devendo a escritura espelhar os sucessivos atos modificativos da titularidade dos correspondentes direitos, com especificação das suas causas e identificação dos respetivos sujeitos e, em relação às transmissões em que o interessado alegue ser-lhe impossível obter o título, devem ainda ser mencionadas as razões de que decorre essa impossibilidade.

[107] O n.º 3 do art. 94.º do CN remete para os nºs 2 e 3 do art. 90.º, bem como para o n.º 2 do art. 89.º, sendo caso disso.

1.2. Estabelecimento de novo trato sucessivo

Ocorre quando se verifique uma quebra na cadeia das aquisições derivadas, por falta ou mesmo insuficiência dos respetivos documentos. Nesses casos, o justificante invoca a posse conducente à usucapião, enquanto causa originária da aquisição, devendo ser indicadas as circunstâncias que sustentam a aquisição originária da propriedade ou do usufruto das participações sociais, com dedução dos atos modificativos da sua titularidade que a tenham antecedido e dos subsequentes. Na escritura devem reconstituir-se as sucessivas transmissões, especificando as suas causas e indicando os respetivos sujeitos. Devem mencionar-se ainda as razões que impossibilitam o interessado de obter o título, nos casos em que invoca essa impossibilidade, bem como as circunstâncias de facto alusivas ao início da posse e as que caracterizam e consubstanciam a posse geradora de usucapião.

A descrição dos factos que evidenciam o início da posse (participação ativa em assembleia geral, com exercício efetivo do direito de voto, recebimento de dividendos, entre outros) e os que a caracterizam (a forma continuada, o conhecimento de toda a gente, a falta de oposição de quem quer que seja, o convencimento de exercer um direito próprio, correspondente ao direito de propriedade ou de usufruto, etc.,) tem de ser concretizada.

Mais uma vez temos de nos socorrer das disposições aplicáveis à justificação para efeitos de registo predial, como prescreve o mencionado art. 94.º do CN.

Secção IV
Para dissolução da sociedade

O art. 141.º do CSC elenca taxativamente os casos de dissolução imediata de sociedades, admitindo também que podem resultar do próprio contrato de sociedade. As suas alíneas a), c) e d), respetivamente, aludem à dissolução da sociedade pelo decurso do prazo contratual, pela realização completa do objeto contratual e pela ilicitude superveniente do objeto contratual.[108]

De acordo com o disposto no n.º 2 do citado artigo, nestes casos os sócios podem deliberar, por maioria simples dos votos produzidos na respetiva assembleia, o reconhecimento da dissolução. Nessa circunstância, qualquer sócio, sucessor de sócio, credor da sociedade ou credor de sócio de responsabilidade ilimitada pode promover a justificação notarial ou o procedimento simplificado de justificação.

Como se constata, existe atualmente um procedimento administrativo de dissolução (RJPADLEC), criado pelo Decreto-lei n.º 76-A/2006, de 29 de março, que constitui um meio alternativo à justificação notarial.

Com efeito, prevê o artigo 144.º do Código das Sociedades Comerciais, que o regime jurídico do procedimento administrativo de dissolução é regulado em diploma próprio, que consta de anexo ao Decreto-Lei n.º 76-A/2006, de 29 de março.[109]

Na escritura de justificação da dissolução cabe ao justificante prestar as declarações que traduzem a ocorrência de uma determinada causa (legal ou contratual) de dissolução imediata da sociedade, que será especificada e apreciada pelo notário, a quem cumpre redigir o ato com especificação dos elementos que lhe forem transmitidos e, bem assim, arquivar os documentos que os contenham.

Como referimos, o art. 142.º, n.º 2, identifica quem pode promover esta escritura, mas o entendimento de Raul Ventura aponta no sentido de que não podem essas pessoas (qualquer sócio, sucessor de sócio, credor da

[108] Normalmente não se estabelece qualquer duração para a sociedade.

[109] Com as alterações que lhe foram introduzidas pela Declaração de Retificação n.º 28-A/2006, de 26 de maio e pelos Decreto-Lei n.º 318/2007, de 26 de setembro, Decreto-Lei n.º 209/2012, de 19 de setembro e Decreto-Lei n.º 250/2012, de 23 de Novembro. Sobre esta matéria vd. o Parecer do Conselho Consultivo proferido no p.º n.º C.Co. 23/2015 STJ-CC.

sociedade ou credor de sócio de responsabilidade ilimitada) aceder a essa modalidade em todo o tipo de casos.[110]

Secção V
Notas finais

Em primeiro lugar, tem de afirmar-se que estes atos têm uma reduzida expressão nos cartórios notariais.[111]

Em segundo lugar, será de mencionar que a justificação notarial para fins de registo comercial só pode ser utilizada nos termos previstos no art. 94.º do Código do Notariado, para dedução do trato sucessivo ou para o estabelecimento de novo trato sucessivo. Não pode, portanto, ocorrer para uma primeira inscrição, visto que o primeiro registo tem por base a escritura pública ou escrito particular com as assinaturas dos seus subscritores reconhecidas presencialmente.

Por último, reforçar que a disciplina aplicável é a contida nas disposições do CN aplicáveis à justificação para efeitos de registo predial.

[110] Dissolução e Liquidação de Sociedades, 1987,Almedina, pág. 44.

[111] Esse aspeto foi salientado por Neto Ferreirinha em estudo dedicado ao tema "As escrituras de Justificação para Fins de Registo Comercial", publicado no BRN n.º 4/2003.

Capítulo VIII
A justificação para efeitos de registo automóvel

Secção I
Antecedentes

1. A disciplina relativa ao registo da propriedade automóvel tem assento no Decreto-Lei n.º 54/75, de 12 de fevereiro, com as alterações que lhe foram introduzidas[112] e no Regulamento do Registo de Automóveis, aprovado pelo Decreto n.º 55/75, de 12 de fevereiro, também sucessivamente alterado.[113]

1.2. O Decreto-Lei n.º 178-A/2005, de 28 de outubro, aprovou o projeto "Documento único automóvel". O diploma procedeu à criação do certificado de matrícula, que substitui o livrete e o título de registo de propriedade, para todos os efeitos legais. Desse modo, o documento passou a agregar a informação anteriormente constante do título de registo de propriedade (situação jurídica do automóvel) e do livrete (características do automóvel).

[112] O diploma foi sucessivamente alterado pelos Decretos-Leis n.ºs 242/82, de 22 de junho, 461/82, de 26 de novembro, 217/83, de 25 de maio, 54/85, de 4 de março, 403/88, de 9 de novembro, 277/95, de 25 de outubro, 182/2002, de 20 de agosto, 178-A/2005, de 28 de outubro, e 85/2006, de 23 de maio.

[113] As alterações foram introduzidas pelos seguintes diplomas: Decreto Regulamentar n.º 36/82, de 22 de junho, Decreto n.º 130/82, de 27 de novembro, Decreto-Lei n.º 226/84, de 6 de julho, Decreto-Lei n.º 323/2001, de 17 de dezembro, Decreto-Lei n.º 178-A/2005, de 28 de outubro e Decreto-Lei n.º 85/2006, de 23 de maio.

De acordo com o previsto no seu art. 4.º, n.º 1, "o certificado de matrícula é emitido quando se efetue o primeiro registo de veículo importado, admitido, montado, construído ou reconstruído em Portugal."

1.3 Todavia, antes da data da sua entrada em vigor a situação era diferente, visto que, como atrás se referiu, cada veículo possuía dois documentos identificadores, um livrete e um título de registo de propriedade.

O título de registo de propriedade era emitido quando se efetuava o primeiro registo da propriedade dos veículos. Este registo baseava-se no requerimento, acompanhado do livrete e da guia passada, para fins de registo, pela direção de viação.[114]

Os registos posteriores eram efetuados em face de requerimento formulado pelo comprador e confirmado pelo vendedor em impresso de modelo próprio. Quando fundado em facto diverso, era efetuado com base em documento que comprovasse o facto jurídico que baseava a aquisição.[115]

1.4 Importa realçar que, não obstante a previsão dos arts. 22.º e 30.º do Regulamento, que previam a exigência de reconhecimento presencial de assinaturas em certas situações, como é sabido a maioria dos atos translativos da propriedade de veículos não carecia de documento público.

[114] Cfr. arts 15.º e 24.º do Decreto-Lei n.º 55/75 de 12 de fevereiro, na versão anterior à data da entrada em vigor do Decreto-Lei n.º 178-A/2005, de 28 de outubro.

[115] Cfr. art. 25.º do Decreto-Lei n.º 55/75, de 12 de fevereiro, na versão anterior à data da entrada em vigor do Decreto-Lei n.º 178-A/2005, de 28 de outubro.

Secção II
Modalidades de justificação para fins de registo automóvel

1. Os diplomas reguladores do registo automóvel não contemplam a matéria alusiva à justificação de direitos sobre o registo de automóveis, pelo que terá de recorrer-se ao disposto no art. 29.º do citado Decreto-Lei n.º 54/75, para efeitos de integração dessa lacuna de regulamentação, com a aplicação das normas do Código do Registo Predial que disciplinam esta matéria.

1.1. Como prevê o indicado art. 29.º, a aplicação das normas far-se-á com as devidas adaptações e apenas na medida indispensável ao suprimento das lacunas da regulamentação própria e compatível com a natureza dos veículos automóveis e das disposições contidas no diploma e respetivo regulamento.[116] Nesta medida, há que reconhecer que são aplicáveis ao registo automóvel os princípios registrais que norteiam o registo predial, particularmente o denominado princípio do trato sucessivo.

2. Tendo presente as modalidades de justificação para fins de registo predial consignadas no Código do Notariado, atrás mencionadas, importa referir que a justificação para primeira inscrição não pode admitir-se para fins de registo automóvel. Recorda-se o que atrás adiantámos quanto ao facto do título de registo ser emitido quando se efetuava o primeiro registo. O mesmo se verifica com a emissão do certificado de matrícula, tal como prevê o art. 4.º, n.º 1, do Decreto-Lei n.º 178-A/2005, de 28 de outubro.

2.1. Excluída a justificação para primeira inscrição, restam a justificação para reatamento do trato sucessivo e a justificação para estabelecimento de novo trato sucessivo.

Considerando que a maioria dos atos translativos da propriedade automóvel não obrigava à realização de documento público, serão raros os casos em que a modalidade de justificação para reatamento do trato sucessivo terá lugar. Mais frequente será a justificação para estabelecimento de novo trato sucessivo, mormente para os casos de desaparecimento da documentação de veículos de coleção, hoje muito apreciados.

[116] Sobre o tema vd. Parecer do Conselho Consultivo proferido no proc.º Div.8/2013 STJ-CC.

Conhecidos os casos em que, no registo predial, estas modalidades de justificação ocorrem, dispensam-se mais comentários sobre a sua realização no âmbito do registo automóvel, pelo que remetemos para quanto foi dito naquela sede.

Capítulo IX
A notificação prévia do titular inscrito

Secção I
Exigibilidade da notificação

1. Nos termos do artigo 99.º do Código do Notariado, em caso de reatamento do trato sucessivo ou de estabelecimento de novo trato sucessivo, quando não há título com intervenção do titular inscrito – caso não tenha sido lavrado, se desconhecer onde foi celebrado ou ainda por ter sido destruído - é indispensável a sua notificação prévia.

1.1. A notificação será pessoal ou edital – dele, titular inscrito, ou dos seus herdeiros, consoante for ausente em parte incerta ou tiver falecido.

1.1.2 Esta notificação, que é realizada a requerimento escrito ou verbal (neste caso reduzido a auto) do interessado na escritura, é condição essencial para a sua realização, pois visa levar ao conhecimento do titular inscrito o ato que se pretende realizar, tendo em vista a sua eventual oposição.

O requerimento e respetivos documentos são apresentados em duplicado e serão apresentados tantos duplicados quantas as pessoas que haja necessidade de notificar.[117] Em caso de ser lavrado auto requerimento, as exigências são as mesmas, mas caberá ao notário extrair cópia do auto.

[117] Refere o n.º 3 do citado art. 99.º que serão as pessoas que vivam em economia separada.

Secção II
Despacho do notário

1. Apreciada pelo notário a regularidade do requerimento e da prova documental apresentada, cabe-lhe proferir despacho a ordenar a notificação do titular inscrito. Em caso disso - por se verificar a ausência em parte incerta ou o seu falecimento - deve ordenar também a notificação edital dele ou dos seus herdeiros – independentemente da habilitação.

1.2. Às notificações a efetuar é aplicável, com as devidas adaptações, o Código de Processo Civil.

1.2.1. Para notificação pessoal de notificando que resida fora da área do cartório, a diligência pode ser requisitada por ofício precatório dirigido ao notário competente.

1.2.3. Em caso de notificação edital, os respetivos editais devem ser afixados pelo prazo de 30 dias, na conservatória da área da situação do prédio e na sede da junta de freguesia da mesma área, ou da sede da sociedade e, quando se justifique, na sede da junta de freguesia da última residência conhecida do ausente ou do falecido.

O art. 99.º, n.º 7, do Código do Notariado, ainda refere a conservatória competente para o registo, mas atendendo a que o Decreto-Lei n.º 116/2008, de 4 de julho, aboliu a competência territorial dos serviços de registo, terá de ser efetuada uma interpretação atualista que conduz à solução apontada, afixação do edital na conservatória da área da situação do prédio.[118]

2. A notificação não admite qualquer oposição, mas o despacho que a indefere pode ser impugnado, nos mesmos termos da impugnação de recusa do notário em lavrar qualquer ato que lhe seja requisitado.

[118] Isto mesmo consta da nota 4 do Parecer proferido no proc.º n.º R.P. 188/2010 SJC-CT: "Com a abolição da competência territorial (Cfr. art. 6.º-A, n.º 2, do DL n.º 519-F2/79, de 29 de dezembro) todos os serviços de registo passaram a ser competentes para o registo do facto. Pelo que a citada norma (art. 99.º, n.º 7, CN) terá que ser objeto de interpretação atualista, a nosso ver no sentido de que o edital deverá ser afixado na conservatória da área da situação do prédio." O mesmo entendimento consta do proc.º n.º Div. 8/2013 STJ-CC.

2.1. A escritura de justificação deve fazer menção de que a notificação foi efetuada.

Secção III
Finalidade da notificação

1. Como se referiu, a notificação prévia do titular inscrito visa dar a conhecer a este a declaração de vontade do requerente em justificar o direito que no registo está inscrito a favor daquele. Os titulares inscritos devem, assim, previamente à celebração da escritura de justificação tomar conhecimento de que determinada pessoa pretende justificar o direito a seu favor inscrito.[119]

1.1. No proc.º n.º R.P. 129/2010 SJC-CT firmaram-se as seguintes conclusões:[120]

> "I-Constitui requisito indispensável da escritura de justificação notarial para reatamento ou estabelecimento de novo trato sucessivo, a notificação prévia do titular inscrito – ou dos seus herdeiros, independentemente de habilitação, no caso de falecimento –, quando se verifique falta de título em que aquele tenha intervindo, como decorre do disposto no n.º 1 do artigo 99.º do Código do Notariado.
> II – Tem-se por não efectuada a notificação que seguiu a via edital sendo conhecida a morada do notificando ou, em caso de desconhecimento, se não se tiverem esgotado todos os mecanismos conducentes à obtenção da mesma, assim como nos casos em que se mostre efectuada depois do seu falecimento, em face do que se encontra consagrado nos artigos 195.º, n.º 1, alíneas c) e d), 233.º, 244.º e 248.º, todos do Código de Processo Civil, aplicáveis *ex vi* do n.º 5 do artigo 99.º do Código do Notariado.

[119] Se o titular inscrito não impugnar em juízo o facto justificado, o justificante poderá obter um registo definitivo.

[120] A conclusão V não se transcreve, por respeitar a matéria atinente à sorte do registo de aquisição baseado em título de que não constam as circunstâncias de facto que determinaram o início da posse, bem como as que consubstanciam e caracterizam essa posse sustentáculo da usucapião invocada.

III – Se o titular inscrito já tiver ao tempo falecido devem ser notificados os seus herdeiros, independentemente de habilitação, como decorre do prescrito no n.º 4 do artigo 99.º do Código do Notariado.
IV – A falta de notificação do titular inscrito – ou dos seus herdeiros, no caso de falecimento daquele – devida em face do prescrito no citado artigo 99.º, determina que a correspondente escritura de justificação notarial seja considerada título manifestamente insuficiente para a prova legal do facto que se pretende registar pelo que o acto peticionado nela assente deve ser recusado ao abrigo do disposto na alínea b) do n.º 1 do artigo 69.º do Código do Registo Predial."

2. Abordando a mesma temática o proc.º n.º R.P. 136/2011 SJC-CT, considerou que a certidão de decisão judicial de ação declarativa instaurada pelos justificantes contra os titulares inscritos, em que pediram a condenação destes ao reconhecimento do seu direito, é título em que interveio o titular inscrito. Em consequência, era descabida uma nova notificação dos titulares inscritos, que previamente tiveram conhecimento da pretensão dos justificantes e reconheceram o seu direito.[121]

[121] A pag. 5 do Parecer, nota 1, pode ler-se: «A questão que então se coloca é a de saber se a certidão judicial apresentada ao Senhor Notário e por este arquivada é "título em que tenha intervindo o titular inscrito". A nossa resposta não pode deixar de ser afirmativa. Os justificantes quiseram convencer os titulares inscritos de que o direito lhes pertencia, através de ação em que diligenciaram pela obtenção de decisão que lhes reconhecesse o direito e que em relação àqueles titulares inscritos formasse caso julgado. Os titulares inscritos foram citados no processo e contestaram, mas a contestação limitou-se à alegação da inexistência de conflito, uma vez que eles RR (titulares inscritos) sempre reconheceram os AA (futuros justificantes) como donos do imóvel. O Mmo. Juíz disse expressamente na sentença de absolvição da instância, que entretanto transitou em julgado, que os AA podiam outorgar escritura de justificação notarial sem necessidade de recurso a juízo. Perante este quadro factual, cremos não ser temerário sustentar que os titulares inscritos tiveram conhecimento pela forma legalmente adequada que os autores naquela ação iriam (muito provavelmente) diligenciar pela obtenção de um título para registo, através da outorga de escritura de justificação notarial.»

Secção IV
Afixação de edital para escritura de justificação para registo automóvel

1. Importar suscitar a questão da justificação para registo automóvel, uma vez que, como atrás referimos, os diplomas que regulam o registo automóvel não disciplinam a justificação de direitos sobre veículos automóveis. Por essa razão, há que recorrer-se ao disposto no art. 112.º do Código do Registo Predial, para proceder à integração dessa lacuna de regulamentação.

Faltando o título em que tenha intervindo o titular inscrito, a escritura de justificação não pode ser efetuada sem a notificação prévia do titular inscrito e, como se mencionou, em caso de ausência em parte incerta ou falecimento, a notificação é efetuada por meio de editais, nesta última situação para notificação dos respetivos herdeiros, tudo nos termos acima citados.

1.2. Todavia, não é possível relacionar o veículo automóvel com uma situação geográfica, pelo que necessariamente não podem ter aplicabilidade, nem a afixação de edital em serviço de registo, que tenha competência para a prática de atos de registo automóvel, nem a afixação de edital na sede da junta de freguesia da situação do veículo. Mas o que fará sentido é que a afixação se faça na junta de freguesia da última residência conhecida do ausente ou do falecido.[122]

[122] Neste sentido vd. o Parecer do Conselho Consultivo proferido no proc.º n.º Div. 8/2013 STJ-CC, a propósito de pedido de afixação de editais para realização de justificação notarial para reatamento do trato sucessivo de veículo automóvel.

Capítulo X
Publicação da escritura de justificação

1. Com o objetivo de levar ao conhecimento dos interessados os elementos essenciais da escritura de justificação, para efeitos de eventual impugnação, a escritura de justificação é publicada por meio de extrato do respetivo conteúdo, a passar no prazo de cinco dias a contar da data da sua celebração.

1.1. A publicação é efetuada num dos jornais mais lidos do concelho da situação do prédio, ou da sede da sociedade, ou se aí não houver jornal, num dos jornais mais lidos da região.

1.2. No caso de justificação para fins de registo automóvel coloca-se a questão de saber em que jornal deve ser efetuada a publicação. Quanto a nós, parece-nos que deva ser num dos jornais mais lidos da residência do justificante, ou se aí não houver jornal, num dos mais lidos na região.

1.3. Compreende-se esta preocupação de se publicar num jornal conhecido, pois constitui, de certa forma, a melhor garantia de que os interessados terão a possibilidade de conhecer o conteúdo do ato em tempo oportuno.

1.3.1. Não alude a lei à periodicidade do jornal, muito embora pareça evidente que uma periodicidade mais longa esteja em contradição com a celeridade do ato, bem patente no curto espaço de tempo previsto para a passagem do extrato da escritura destinado a publicação.

2. Sobre a possibilidade da referida publicação obrigatória poder ser efetuada "em sítio da internet cujos conteúdos se centrem na divulgação de informação com interesse ou relevo reportado ao concelho" em termos de se considerar com o estatuto de jornal online publicado nesse mesmo concelho, se pronunciou o Conselho Consultivo do IRN no proc.º n.º C.N. 2/2015 STJSR-CC.

Considerando que é através da publicação que os elementos essenciais do ato jurídico chegam ao conhecimento dos interessados, para que lhes assista a possibilidade de o impugnar, torna-se indispensável que saibam antecipada e concretamente onde esses atos devem ser publicados.

2.1. São, portanto, garantias de certeza e determinabilidade do meio de comunicação, que conduziram à doutrina firmada no supracitado Parecer no sentido expresso na sua única conclusão:

> «Deve entender-se que não integra o conceito de "jornal", para efeitos do disposto no artigo 100.º/2, do código do notariado, não sendo por conseguinte "válida" a publicação do extrato da escritura de justificação que nele porventura se faça, o sítio da internet dedicado à divulgação de conteúdos de caráter "jornalístico" (ou "noticioso" ou "informativo") de âmbito concelhio (ou regional, ou outro), ainda quando nesse sítio porventura se encontre sediada publicação eletrónica inscrita no registo de publicações estabelecido na Lei da Imprensa.»[123]

[123] A pág. 3 do Parecer pode ler-se: «Pela nossa parte, com efeito, no conceito normativo de "jornal" com que naquela disposição se opera não cabe senão a publicação periódica impressa em papel suscetível de assim (como jornal) ser qualificada, não sendo portanto de aceitar qualquer alargamento teleológico, de pendor "atualista", que leve a considerar incluído no conceito de jornal – naquele específico conceito de jornal, insistimos – uma qualquer publicação online de tipo "jornalístico" (...)».

Capítulo XI
Impugnação

Secção I
Procedimentos nos cartórios

1. Os interessados podem impugnar em juízo, o facto justificado, competindo-lhes requerer simultaneamente ao tribunal a imediata comunicação ao notário da pendência da ação (cfr. art.º 101.º, n.º 1, do CN).

A celeridade que é pedida na presente comunicação ao notário visa impedir que sejam extraídas certidões da escritura, as quais só podem ser passadas decorridos 30 dias sobre a data da publicação do extrato no jornal, desde que não tenha sido recebida comunicação da pendência da ação de impugnação (cfr. art. 101.º, n.º 2, do mesmo código). Se tiver havido impugnação, a certidão só poderá ser extraída, depois de efetuado o averbamento da decisão definitiva da ação.

1.2. De notar que os momentos já referidos - publicação do extrato da escritura, pendência da ação de impugnação e decisão final da mesma - devem ser averbados à escritura, em conformidade com o disposto no artigo 131.º, alíneas c) e d), do CN, respetivamente.

1.3. Todavia, cumpre salientar que podem continuar a ser passadas certidões da escritura de justificação, desde que as mesmas sejam requisitadas para efeitos da própria impugnação, ou em caso de requisição do tribunal, menção que delas deve constar (cfr. art.101, n.º3).[124]

[124] Conforme Parecer da Direção de Serviços Jurídicos da então Direção-Geral dos Registos e do Notariado, publicado no BRN n.º 4/98.

2. Permite o artigo 93.º que a justificação possa ser celebrada simultaneamente com outro ato, no próprio título pelo qual se adquire o direito. São frequentes as escrituras de justificação e doação e de justificação e compra e venda. Nestes casos, continua a observar-se o prazo e as condições referidas, continuando a certidão a ser passada no indicado prazo – 30 dias após a data da publicação do extrato (cfr artigos 93º e 101º, n.º 5).

Secção II
Impugnação judicial - Jurisprudência

1. Sobre ação de impugnação de justificação notarial e a questão do ónus da prova da aquisição do direito recair sobre os réus justificantes, em caso de ação contra eles interposta, transcreve-se o sumário do Acórdão do Tribunal da Relação do Porto – Proc. N.º 456/12.9TBARC.P1, de 27.11.2014[125]:

> "I – O interesse em agir na ação de impugnação de justificação notarial resultará da incompatibilidade entre o direito declarado a partir das declarações do justificante na escritura de justificação notarial, e o direito invocado pelo autor da acção de impugnação, seja, no que concerne ao direito em si, seja em relação à sua titularidade, apresentando-se assim o recurso aquela acção como forma adequada a evitar o prejuízo material que de outra forma decorreria para o autor.
>
> II – Tendo os réus afirmado em escritura de justificação notarial, a aquisição por usucapião do direito de propriedade, sobre um imóvel, inscrito definitivamente no registo a seu favor, com base nessa escritura, incumbir-lhe-á, em ação de impugnação da justificação notarial, que contra eles venha a ser intentada, o ónus de provar os factos constitutivos do seu direito, sendo insuficiente invocar a presunção que resulta do art. 7.º do Código do Registo Predial."

1.1 No mesmo sentido, o Supremo Tribunal de Justiça no Proc.º 448/09.5TCFUN.L1.S1, de 09.07.2015, ao referir no ponto IV do respetivo sumário[126]:

> "Impugnada judicialmente a escritura de justificação notarial, impende sobre o justificante, na qualidade de réu, o ónus da prova da aquisição do direito de propriedade e da validade desse direito, nos termos do art. 343.º, n,º 1, do CC, sem que possa beneficiar da presunção registal emergente do art. 7.º do CRP."

125 Acessível em http://www.dgsi.pt/jtrp.

126 Acessível em http://www.dgsi.pt/jstj.

2. Os dois acórdãos a que se fez referência elucidam a posição dos nossos tribunais sobre este assunto, pelo que se dispensa qualquer outra referência. Todavia, pelas razões que adiante explicitaremos no Capítulo XVII, permitimo-nos discordar que, nas circunstâncias descritas, o réu não beneficie da presunção resultante do art. 7.º do CRP.

Capítulo XII
Revogação e distrate da escritura de justificação

1. Cabe aqui fazer algumas considerações sobre a revogação ou distrate da escritura de justificação notarial.

Sobre a matéria existe doutrina abundante, designadamente do Conselho Técnico do IRN, plasmada em diversos pareceres, de que, a título exemplificativo, destacamos os Procs. n.ºs R.P. 241/2004 SJC-CT e R.P. 188/2008 SJC-CT.

Dá-se por assente que a justificação notarial é um ato jurídico, concretamente um quase negócio jurídico, que integra uma declaração de ciência sobre os factos que preenchem o facto aquisitivo e também uma declaração de vontade de que o mesmo deriva.

1.1 Dessa qualificação resulta a aplicabilidade das disposições constantes do Código Civil para o negócio jurídico, com as devidas adaptações, por força do disposto no seu art. 295.º.

Ora, como acentuam distintos autores,[127] nesta matéria vigora a regra de que a mesma vontade que constitui o negócio jurídico pode livremente destruí-lo, desde que não haja terceiros inscritos no registo.

[127] Antunes Varela, in Das Obrigações em Geral, II volume, pág. 268 e Inocêncio Galvão Telles, in Manual dos Contratos em Geral, 4.ª edição, 2002, pp. 380.

2. Não nos dispensamos de transcrever as esclarecedoras conclusões do Parecer emitido no processo citado em último lugar (R.P. 188/2008 SJC-CT):

> "I – A revogação da justificação notarial titulada por escritura pública em que os justificantes, com a confirmação de três declarantes, declararam destruir os efeitos do ato jurídico da invocação da usucapião da propriedade do imóvel dela objeto, por a declaração de ciência relativa aos factos integradores dessa forma de aquisição enfermar de erro é, em princípio, título suficiente para o cancelamento do registo de aquisição efectuado a favor dos justificantes – cfr. o disposto nos artigos 89.º e segs do Código do Notariado, 1287.º e segs do Código Civil e 13.º do Código do Registo Predial.
>
> II – No caso dos autos, a revogação de justificação titulada pela escritura apresentada não terá a virtualidade de repristinar a situação anteriormente existente, visto que figuram nas tábuas terceiros com inscrição de aquisição sobre o prédio desanexado do justificado, em relação aos quais o ato é inoponível, revelando-se, assim, insuficiente para titular o cancelamento do registo de aquisição peticionado, pelo que deve ser recusado ao abrigo do prescrito nos artigos 69.º, n.º 1, alínea b), e n.º 2, do Código do Registo Predial."

Capítulo XIII
Documentos instrutórios

Secção I
Escritura de justificação para fins de registo predial

O artigo 98.º do CN elenca os documentos necessários à instrução da escritura de justificação para fins de registo predial.

1. Arquivam-se os seguintes:

a) Certidão comprovativa da omissão dos prédios no registo predial ou, caso estejam descritos, certidão de teor da descrição e de todas as inscrições em vigor;
b) Certidão de teor da inscrição matricial;

Estas certidões são passadas com a antecedência não superior a três meses, e sendo de teor, podem ser substituídas por caderneta predial, quando conferida dentro do mesmo prazo de validade.

c) Se a escritura tiver por objeto justificação de prédio urbano construído ou inscrito na matriz antes de 7 de agosto de 1951, data da entrada em vigor do Regulamento Geral das Edificações Urbanas, documento comprovativo de um dos factos ou, caso o RGEU tenha entrado em vigor mais tarde, documento comprovativo de que ao tempo ainda não estava em vigor no local;

d) Se a escritura se destinar ao reatamento ou estabelecimento de novo trato sucessivo, sempre que se verifique falta de título em que intervenha o titular inscrito, é ainda necessário apresentar os documentos comprovativos da notificação prévia, nos termos do art. 99.º.

2. Exibem-se os seguintes:

a) Se a escritura se destinar ao reatamento ou estabelecimento de novo trato sucessivo, caso se verifique falta de título de onde conste a intervenção do titular inscrito, é necessário apresentar os documentos comprovativos das transmissões anteriores e subsequentes ao facto justificado, se não se afirmar a impossibilidade de os obter.
b) Se a escritura tiver por objeto justificação de prédio urbano, construído ou inscrito na matriz em data posterior à entrada em vigor do Regulamento Geral das Edificações Urbanas, a respetiva licença de utilização, que poderá ser dispensada se a sua existência estiver anotada na descrição predial (art. 90.º-A, n.º 1 a) do CRP), desde que o prédio não tenha sido alterado.

Secção II
Escritura de justificação para fins de registo comercial

O mesmo art. 98.º enuncia os documentos necessários à instrução da escritura de justificação para fins de registo comercial.

1. Arquivam-se os seguintes:

a) Certidão de teor da matrícula da sociedade e de todos os registos em vigor, cuja validade é de seis meses. A certidão pode ser disponibilizada em suporte eletrónico e faz prova para todos os efeitos legais e perante qualquer autoridade pública ou entidade privada, nos mesmos termos da correspondente versão em suporte de papel, bem como a disponibilização da certidão em sítio da internet (cfr. art. 75.º, n.ºs 2 e 3, do CRC. e Portaria n.º 1416-A/2006, de 19 de dezembro).
b) Em justificação para o registo de aquisição da propriedade ou do usufruto de quotas ou de partes do capital social ou da divisão ou da unificação de quotas de sociedades comerciais ou civis sob forma comercial, quando se verificar a falta de título em que tenha intervindo o titular inscrito, devem ser apresentados os documentos comprovativos da notificação prévia, a que alude o art. 99.º.

2. Exibem-se os seguintes:

Caso não seja alegada a impossibilidade de os obter, devem ser apresentados os comprovativos de todas as transmissões, anteriores e subsequentes ao facto justificado.

Secção III
Escritura de justificação para fins de registo automóvel

1. Arquivam-se os seguintes:

a) Certidão emitida pela conservatória do registo de automóveis que comprove a situação jurídica do veículo;
b) Documentos comprovativos da notificação prévia do titular inscrito, mencionada no art. 99.º do CN, exigível na justificação para reatamento do trato sucessivo e estabelecimento de novo trato sucessivo.

2. Exibem-se os seguintes:

Todos os documentos comprovativos das transmissões anteriores e subsequentes ao facto justificado, quando não for invocada a impossibilidade de os obter.

Capítulo XIV
Honorários e impostos

1. A retribuição do notário é assegurada pelos honorários que cobra dos interessados, calculados com base no custo efetivo do serviço prestado, tendo em consideração a natureza dos atos e a sua complexidade, como previsto no art. 3.º da Tabela de Honorários e Encargos aplicável à atividade notarial, aprovada pela Portaria n.º 385/2004, de 16 de abril. A referida tabela foi posteriormente alterada pela Portaria nº 1416-A/2006, de 19 de dezembro e Pela Portaria n.º 574/2008, de 4 de julho.[128]

1.2 Na versão atual, a tabela fixa honorários máximos para os atos nela descritos[129] e livres para os restantes. Estes últimos integram a esmagadora maioria do universo de atos praticados nos cartórios notariais, sendo a justificação notarial, bem como a notificação do titular inscrito, uns dos que neste conjunto se compreendem (art. 14.º).

2. Aos emolumentos devidos pela justificação notarial acresce o imposto do selo. Na justificação o valor a cobrar decorre da verba 1.2 da tabela geral

[128] Não se ignora que existem ainda cartórios notariais públicos que funcionam em regime de anexação com os serviços de registo e que os emolumentos que se cobram na celebração dos respetivos atos são os que constam do Regulamento Emolumentar dos Registos e do Notariado, aprovado pela Portaria n.º 322-A/ 2001, de 14 de dezembro, salvo os casos de gratuitidade, redução ou isenção.

[129] Os honorários máximos estão previstos nos arts. 10.º e 12.º, n.ºs 1 e 2, da tabela.

de Imposto do Selo, que é devido nas escrituras de justificação com base em usucapião, portanto nas que respeitam a primeira inscrição e estabelecimento de novo trato sucessivo, com invocação de usucapião.

Com efeito, a aquisição de imóveis por usucapião é fiscalmente considerada transmissão gratuita, pelo que o imposto é devido pelo respetivo beneficiário, nos termos dos arts. 1.º, n.º 3, alínea a), e 2.º, n.º 2, alínea b), do Código do Imposto do Selo.

2.1. A liquidação do imposto compete aos serviços centrais da Autoridade Tributária, mediante promoção do serviço de finanças da área de residência do usucapiente. A este compete efetuar a participação nos termos previstos no art. 26.º, n.º1, do Código do Imposto do Selo, após a celebração da escritura, visto que a obrigação tributária se considera constituída a partir dessa data (cfr. arts 5.º, alínea r), e 25.º, n.º 1, do citado código).

Uma última nota para mencionar que é ainda devido o Imposto sobre o Valor Acrescentado (IVA).

Capítulo XV
Minutas

Procurou-se selecionar um reduzido conjunto de minutas, que são meramente exemplificativas de atos com maior probabilidade de serem solicitados nos cartórios notariais.

1. Estabelecimento do trato sucessivo em registo predial – Aquisição por usucapião

Outorgantes
Primeiros: ...
Segundos: ...
Verifiquei a identidade dos outorgantes por...
Declararam os primeiros outorgantes:

Que, com exclusão de outrem, são donos e legítimos possuidores de um prédio urbano, composto de casa de habitação de rés-do-chão e primeiro andar, sito em ... freguesia e concelho de ..., com a área de ..., não descrito na conservatória do registo predial de..., e inscrito na matriz sob o artigo ... com o valor patrimonial tributário de..., para efeitos de IMT e de selo, e o atribuído de...;

Que o referido prédio foi por eles adquirido no ano de..., por compra que dele fizeram a A... e mulher B..., entretanto já falecidos, sem que, no entanto, disponham de qualquer título formal para registo na conservatória;

Que desde esse ano, entraram na posse e fruição do mencionado prédio, beneficiando dos respetivos rendimentos, suportando os encargos de obras de conservação nele realizadas e pagando os respetivos impostos;

Que esta posse tem sido exercida sem interrupção, de forma ostensiva, à vista de todos e sem violência ou oposição de quem quer que seja, de forma correspondente ao exercício do direito de propriedade;

Que, deste modo, a posse pública, pacífica, contínua e em nome próprio do indicado imóvel, desde o referido ano de..., conduziu à aquisição do mencionado prédio por usucapião, que invocam para justificar o direito de propriedade para fins de registo.

Disseram os segundos outorgantes que, por serem verdadeiras, confirmam as declarações prestadas pelos primeiros outorgantes.

Arquivam-se os seguintes documentos:

a) Certidão comprovativa da omissão do prédio no registo predial;

b) Certidão de teor da correspondente inscrição matricial;

c) Certidão camarária comprovativa do prédio ter sido inscrito na matriz antes da entrada em vigor do Decreto-Lei n.º 38332, de 07.08.1951.

Esta escritura foi lida aos outorgantes...

Notas: Quando for alegada a usucapião baseada em posse não titulada, devem mencionar-se expressamente as circunstâncias de facto que determinam o início da posse, ou seja deve ser explicitado o facto que desencadeia a aquisição da posse e determinar-se o momento em que esta se iniciou. Devem ainda ser indicadas as circunstâncias que caracterizam a posse.

2. Reatamento de trato sucessivo em registo predial

Outorgantes

Primeiro: A ..., que outorga na qualidade de procurador de B ..., solteiro, natural de..., residente em ... NIF... , como comprova a procuração, que arquivo.

Segundos:...

Verifiquei a identidade dos outorgantes por...

Declarou o primeiro outorgante:

Que, com exclusão de outrem, o seu representado é dono e legítimo possuidor de um prédio urbano, composto de casa de habitação, com a área coberta de ..., sito na freguesia... e concelho de..., inscrito na matriz sob o artigo..., com o valor patrimonial tributário de... e o atribuído de ...;

Que o prédio está descrito na conservatória do registo predial de ..., sob o número..., com a aquisição registada a favor de Alfredo..., casado com Beatriz..., residente em..., pela inscrição ...;

Que no ano de..., aqueles Alfredo... e mulher, atualmente falecidos, venderam o prédio a Francisca..., solteira, residente em ...;

Que, não obstante as buscas efetuadas não foi possível localizar a escritura que titula esse contrato, ignorando o cartório que o titulou;

Em consequência disso, não têm possibilidade de obter o respetivo título, para fins de registo;

Que por escritura de ..., lavrada a folhas ... do livro... do cartório Notarial de ... a indicada Francisca vendeu o imóvel ao representado do primeiro outorgante;

Que, nestes termos, o primeiro outorgante justifica por este meio o direito de propriedade do seu representado sobre o mencionado imóvel.

Disseram os segundos outorgantes que, por serem verdadeiras, confirmam as declarações prestadas pelo primeiro outorgante.

Foram previamente notificados os herdeiros do titular inscrito, de acordo com o disposto no artigo 99.º do Código do Notariado.

Arquivo:

a) Certidão de teor da descrição predial e de todas as inscrições em vigor;

b) Documentos relativos ao processo da referida notificação prévia;

c) A citada procuração.

Exibiu-se:

a) Caderneta predial urbana obtida hoje via internet, da qual constam os elementos matriciais referidos;

b) Alvará de licença de utilização n.º ..., emitido pela Câmara Municipal em...;

c) Certidão da indicada escritura de compra, passada pelo mencionado cartório de... em...

Esta escritura foi lida aos outorgantes ...

Notas: Por não ser ato meramente pessoal, consideramos que a justificação pode ser realizada com intervenção de procurador, munido da respetiva procuração para o efeito.

Na justificação para reatamento do trato sucessivo as transmissões intermédias não se interrompem desde o proprietário inscrito até ao atual proprietário, mas não dispõe o justificante de documento que comprove alguma ou algumas dessas transmissões.

Quando não há título com intervenção do titular inscrito – caso não tenha sido lavrado, se desconhecer onde foi celebrado ou ainda por ter sido destruído - é indispensável a sua notificação prévia ou dos seus herdeiros, conforme previsto no art. 99.º do CN.

3. Estabelecimento de novo trato sucessivo em registo predial

Outorgantes

Primeiros: ...

Segundos: ...

Verifiquei a identidade dos outorgantes por...

Declararam os primeiros outorgantes:

Que, com exclusão de outrem, são donos e legítimos possuidores de um prédio rústico, sito em ... freguesia e concelho de ..., composto de ..., com a área de ..., inscrito na matriz sob o artigo..., com o valor patrimonial tributário de ..., para efeitos de IMT e de selo e o atribuído de...;

Que o prédio está descrito na conservatória do registo predial de ..., sob o número..., com a aquisição registada a favor de Isabel ..., viúva, residente em ... pela inscrição ...;

Que o identificado prédio foi por eles adquirido em ... por compra que dele fizeram a Rufino ... e mulher Fernanda ..., por escritura lavrada com início a folhas... do livro... do cartório notarial de ...;

Que os citados, Rufino e mulher, adquiriram o prédio a Pedro..., solteiro, residente em ..., que, por sua vez, o havia herdado da mãe, a dita Isabel, mas estas transmissões foram meramente verbais, pelo que inexistem títulos formais que as comprovem;

Que, em consequência da compra que efetuaram, eles outorgantes estão, por si e antecessores que legitimamente representam, na posse e fruição do mencionado prédio, em nome próprio há mais de ... anos, limpando-o, colhendo os seus frutos e pagando os impostos devidos, posse que tem sido exercida de forma ininterrupta, sem violência ou oposição de quem quer que seja e à vista de todos;

Que esta posse titulada, de boa-fé, contínua, pacífica e pública conduziu à aquisição do dito prédio por usucapião.

Disseram os segundos outorgantes que por serem verdadeiras confirmam as declarações prestadas pelos primeiros outorgantes.

Foram previamente notificados os herdeiros do titular inscrito, de acordo com o disposto no artigo 99.º do Código do Notariado.

Arquivo:

a) Certidão de teor da descrição predial e de todas as inscrições em vigor;

b) Certidão de teor da correspondente inscrição matricial;

c) Documentos relativos ao processo da referida notificação prévia;

Exibiu-se:

Certidão da referida escritura de compra e venda, passada pelo mencionado cartório notarial de ... em ...

Esta escritura foi lida ...

Nota: Na justificação para estabelecimento de novo trato sucessivo verifica-se uma quebra na cadeia de aquisições derivadas por abandono do proprietário, o inscrito ou outro subsequente, que obriga o justificante a invocar a posse conducente à usucapião, enquanto causa originária de aquisição

Quando não há título com intervenção do titular inscrito – caso não tenha sido lavrado, se desconhecer onde foi celebrado ou ainda por ter sido destruído - é indispensável a sua notificação prévia ou dos seus herdeiros, conforme previsto no art. 99.º do CN.

4. Justificação para fins de registo comercial – dedução do trato sucessivo

Outorgantes

Primeiro: João, solteiro, natural de..., residente em..., NIF...

Segundos:...

Declarou o primeiro outorgante:

Que é titular de uma quota no valor nominal de ... na sociedade comercial por quotas com a firma ..., com sede em ..., com o capital social de ..., matriculada na conservatória de ... sob o número ..., correspondente ao número de pessoa coletiva;

Que a dita quota lhe foi adjudicada em inventário que correu os seus termos no tribunal judicial da comarca de ... por óbito de seu pai, José ..., viúvo, residente em ...;

Que foi seu pai quem arrematou essa quota em hasta pública no processo de execução, que correu no tribunal judicial da comarca de ... no ano de ..., contra João ..., titular inscrito;

Que, todavia, este processo de execução foi destruído no incêndio ocorrido em..., no indicado tribunal e, por essa razão, não existe possibilidade de obter o título que comprova a correspondente transmissão;

Que, deste modo, justifica o seu direito à mencionada quota.

Disseram os segundos outorgantes que por serem verdadeiras confirmam a declaração prestada pelo primeiro outorgante.

Foram previamente notificados os herdeiros do titular inscrito, de acordo com o disposto no artigo 99.º do Código do Notariado.

Arquivo:

a) Certidão de teor da matrícula da sociedade e dos registos em vigor;

b) Documentos relativos ao processo da referida notificação prévia;

Exibiu-se:

Certidão passada pela secretaria do tribunal judicial de ... em..., relativa à partilha.

Esta escritura foi lida ...

Nota: Neste caso, porque não há título com intervenção do titular inscrito – caso não tenha sido lavrado, se desconhecer onde foi celebrado ou ainda por ter sido destruído - é indispensável a sua notificação prévia ou dos seus herdeiros, conforme previsto no art. 99.º do CN.

5. Justificação para fins de registo automóvel – Estabelecimento de novo trato sucessivo

Outorgantes

Primeiro:...

Segundos:...

Disse o primeiro outorgante:

Que é dono e legítimo possuidor de um veículo automóvel da marca ..., com a matrícula ..., a que atribui o valor de ...;

Que o automóvel se encontra registado desde... na conservatória do registo de automóveis de ... a favor de J..., casado, com última residência conhecida em ...;

Que no ano de ..., o citado veículo foi vendido por J..., a seu avô, atualmente falecido, que residia em ...;

Que, todavia, não se conhece qualquer título formal que comprove essa transmissão;

Que no ano de... o indicado avô do justificante doou verbalmente o referido veículo ao ora primeiro outorgante;

Que o primeiro outorgante possui o veículo desde essa data, de forma ininterrupta, sem violência ou oposição de quem quer que seja e à vista de todos, cuidando do mesmo;

Que, assim, o justificante possui o veículo automóvel em nome próprio, há mais de ... anos, de boa fé, de forma contínua, pacífica e pública, pelo que adquiriu a respetiva propriedade por usucapião.

Pelos segundos outorgantes foi dito que, por serem verdadeiras, confirmam inteiramente as declarações prestadas pelo primeiro outorgante.

Foram previamente notificados os herdeiros do titular inscrito, de acordo com o disposto no art. 99.º do Código do Notariado.

Arquivo:

a) Certidão emitida pela conservatória do registo de automóveis, que comprova a situação jurídica do veículo; e,

b) Documentos relativos ao processo da indicada notificação prévia.

Esta escritura foi lida...

Notas: Neste caso, porque não há título com intervenção do titular inscrito – caso não tenha sido lavrado, se desconhecer onde foi celebrado ou ainda por ter sido destruído - é indispensável a sua notificação prévia ou dos seus herdeiros, conforme previsto no art. 99.º do CN.

Capítulo XVI
Processo de justificação previsto no Código do Registo Predial

Secção I
Breves notas de Direito pregresso

1. Meios de suprimento

1.1. O legislador, nos primórdios, com vista ao ingresso dos factos nas tábuas e inerente publicitação do correspondente direito, apenas admitiu a via judicial para suprimento da falta de título[130].

O processo especial de justificação judicial foi criado pelo Decreto n.º 4619, de 13 de Julho de 1918, tendo a sua regulamentação, após diversas alterações, passado a figurar no Código do Registo Predial de 1929 e mantida nos subsequentes Códigos do Registo Predial até 1984.

1.2. Justificação administrativa

A necessidade de registar bens imóveis pertencentes ao Estado, em número muito avultado, levou o legislador a conceber um diploma que contemplasse um processo especial de natureza administrativa destinado à jus-

[130] Sobre os meios de suprimento em geral, veja-se Mouteira Guerreiro, in Noções de Direito Registral (Predial e Comercial), 1993, págs. 247 e segs.

tificação de direitos, mas confinado a prédios pertencentes ao domínio privado do Estado[131].

No preâmbulo do Decreto-Lei n.º 34 565, de 2 de Maio de 1945 («legislação especial» como, mais tarde, veio a ser referida na parte final do artigo 222.º do Código do Registo Predial de 1967), logo se fez ressaltar, por um lado, que era incompreensível (e um mau exemplo para os cidadãos em geral) que o Estado não tivesse registados em seu nome os bens do seu património e, por outro, que tivesse de recorrer a ações judiciais para obter título para registo dos aludidos bens que incontestavelmente lhes pertenciam, posto que não existia qualquer discussão quanto à titularidade dos mesmos, sobrecarregando-se, assim, desnecessariamente os tribunais.

Desta forma, abriram-se as portas à via extrajudicial ainda que em termos restritos e muito cautelosos.

O procedimento consagrado no aludido diploma era, todavia, extremamente simples, consistindo, genericamente, na afixação de editais de incertos, quando não houvesse interessado certo que devesse ser demandado ou quando, havendo-o, fosse desconhecido o seu paradeiro.

Nos aludidos editais afirmava-se que determinado prédio (devidamente identificado, naturalmente) era pertença do Estado, convidando-se os interessados a deduzir oposição. Decorrido o prazo legal da afixação sem que tivesse havido oposição, a certificação de tal facto em auto possibilitava titular a justificação e proceder ao correspondente registo a favor do Estado.

Esta justificação administrativa, regulada em lei especial[132], respeitava exclusivamente a bens do domínio privado do Estado, visto que «só as coisas imóveis integradas no património privado das pessoas singulares e coletivas (...) podem ser objeto de atos de registo»[133].

[131] Como é sabido, os bens do domínio público do Estado estão excluídos do comércio jurídico e, consequentemente, fora do âmbito do registo predial.
Apenas se encontra submetida a registo a concessão em bens do domínio público e as suas transmissões, quando sobre o direito concedido se pretenda registar hipoteca, por força do disposto na alínea v) do n.º 1 do artigo 2.º do CRP.
Logo que seja cancelado o registo da hipoteca procede-se à inutilização da descrição predial (aberta apenas com a finalidade de viabilizar o referido registo), nos termos da alínea b) do n.º 2 do artigo 87.º do citado Código.

[132] O Decreto-Lei n.º 34 565, de 2 de Maio de 1945, foi expressamente revogado pelo referido Decreto-Lei n.º 280/2007.

[133] Em consonância veja-se o que se encontra expresso no Código do Registo Predial, anotado pela DGRN, 1970, pág. 10.

Atualmente, o regime jurídico da matéria em apreço encontra-se vertido no Decreto-Lei n.º 280/2007, de 7 de agosto[134], bem como no Decreto-lei n.º 51/2017, de 25 de maio, que cria um regime extraordinário de regularização matricial e registral dos bens imóveis pertencentes ao domínio privado do Estado e de outras entidades públicas.

Neste último diploma, como é proclamado no seu exórdio, «implementa-se a criação de procedimentos especiais de registo e de regularização da situação jurídico-registral dos bens imóveis do domínio privado do Estado, institutos públicos, regiões autónomas e autarquias locais, alternativos aos já existentes, mormente ao previsto no Decreto-Lei n.º 280/2007...».

No capítulo III, subordinado à epígrafe «Procedimento extraordinário de regularização da situação jurídico-registral de bens imóveis», fixa-se o âmbito do procedimento, início, averbamento de pendência do procedimento[135], tramitação subsequente, oposição e regularização matricial e registral – cfr. o que dipõem os artigos 13.º a 18.º do citado Decreto-Lei n.º 51/2017.

1.3. Procedimento extrajudicial

Seis anos volvidos sobre a criação da via administrativa de justificação de direitos surgiu, então, o procedimento extrajudicial previsto na Lei n.º 2049, de 6 de Agosto de 1951, que instituiu, simultaneamente, o registo predial obrigatório, gradual, porque circunscrito às localidades onde vigorava a matriz cadastral.

Nesta sequência, e por último, com a publicação do Decreto-Lei n.º 40 603, de 18 de Maio de 1956, foi criada a escritura de justificação notarial, como já se salientou no Capítulo II, para o qual remetemos por lhe ser especialmente dedicado.

No mesmo sentido veja-se, também, Catarino Nunes, in Código do Registo Predial Anotado, pág.12, segundo o qual «o registo predial é um instituto de direito privado e para o direito privado».

134 A propósito do procedimento de justificação administrativa para efeitos de registo de direitos sobre bens do domínio privado do Estado, vejam-se as considerações plasmadas no parecer proferido no proc.º n.º R.P.33/2011 STJ-CC.

Cfr., também, o Decreto-Lei n.º 199/2004, de 18 de Agosto.

135 Veja-se o que prescreve o artigo 117.º-E, n.ºs 1 a 4, do CRP, aplicável *in casu* com as devidas adaptações.

1.4. Justificação judicial

1.4.1. A justificação judicial, como os próprios legisladores reconheciam, não constava do seu lugar próprio – Código de Processo Civil –, mas, como já vimos, do Código do Registo Predial, talvez devido à sua intrínseca ligação aos registos.

Com a publicação do Decreto-Lei n.º 284/84, de 22 de Agosto, o regime da justificação judicial ficou regulamentado neste diploma autónomo, até oportuna inclusão no Código de Processo Civil, como se proclamou no respetivo preâmbulo, expurgando-se assim (e bem), o Código do Registo Predial de preceitos que não regulamentam a atividade das conservatórias ou dos conservadores, não devendo, por isso, dele constar.

A ação de justificação judicial, para os efeitos e termos do aludido artigo 116.º na redação conferida pelo Decreto-Lei n.º 224/84, de 6 de julho, era requerida ao juiz da comarca da situação do prédio. O seu processamento encontrava-se também extremamente simplificado visto que não se exigia sequer que a petição fosse articulada, devendo com ela ser oferecida a prova. A referida ação podia ser utilizada para qualquer das três *espécies* de justificação previstas no artigo 116.º do CRP, bem como para os casos previstos no artigo 118.º do mesmo Código.

De destacar que, neste âmbito, a atuação do juiz se inseria essencialmente numa área de mera «gestão de interesses», posto que não existia conflito ou litígio a dirimir entre as partes, não formando, por isso, a decisão judicial que viesse a ser proferida no âmbito deste processo caso julgado[136] – cfr. o que dispõem os artigos 4.º, n.º 2, e 7.º do aludido Decreto-Lei n.º 284/84.

1.4.2. Além do regime do suprimento por via judicial consagrado no citado Decreto-Lei n.º 284/84, no caso de arresto, penhora ou apreensão provisoriamente inscritos por existir sobre os bens registo de aquisição ou reconhecimento do direito de propriedade ou de mera posse em nome de pessoa diversa do executado ou requerido [cfr. alínea a) do n.º 2 do artigo 92.º do CRP] o suprimento da intervenção destes era feito em conformi-

[136] No Acórdão do TRP de 16 de Janeiro de 1996, publicado na CJ/1996, Tomo I, pág. 198, considera-se que a ação de justificação judicial adjetivada no Decreto-Lei n.º 284/84, de 22 de Agosto, se integra nos processos denominados processos de jurisdição voluntária.

dade com o prescrito no artigo 119.º do mesmo Código, nos termos que adiante desenvolveremos.

1.5. Meios de suprimento previstos no Código do Registo Predial

1.5.1. No Código do Registo Predial de 1984, aprovado pelo aludido Decreto-Lei n.º 224/84, de 6 de Julho, ficaram duas singelas referências à ação de justificação judicial: uma delas relativa, naturalmente, à admissibilidade dessa ação como meio de suprimento (artigo 116.º); e a outra tornando as disposições relativas à ação de justificação para primeira inscrição extensíveis, com as devidas adaptações, a outros casos (artigo 118.º).

Veja-se, ainda a este propósito, o preceituado no referido artigo 119.º do mesmo Código[137].

1.5.2. Decorria do disposto no artigo 116.º o seguinte: «1. O adquirente que não disponha de documento para a prova do seu direito pode obter a primeira inscrição por meio de ação de justificação judicial, de escritura de justificação notarial ou, tratando-se de domínio a favor do Estado, de justificação administrativa regulada em lei especial.

2. Se existir inscrição de aquisição, reconhecimento ou mera posse, pode também suprir-se, mediante justificação judicial ou notarial, a intervenção do respetivo titular, exigida pela regra do n.º 2 do artigo 34.º.

3. Na hipótese prevista no número anterior, a usucapião implica novo trato sucessivo a partir do titular do direito assim justificado»[138].

[137] Cfr., a propósito dos meios de suprimento, o que dispunham os artigos 203.º (princípio geral), 204.º (respeitantes aos meios de obtenção da primeira inscrição), 205.º e segs. (ação de justificação judicial) e 222.º (justificação administrativa) do Código do Registo Predial de 1967, que precedeu o Código de 1984.

[138] A redação deste preceito sofreu algumas alterações sendo, ao tempo imediatamente anterior às alterações introduzidas pelo Decreto-Lei n.º 273/2001, de 13 de Outubro, do seguinte teor: «1. O adquirente que não disponha de documento para a prova do seu direito pode obter a primeira inscrição por meio de ação de justificação judicial, de escritura de justificação notarial ou, tratando-se de domínio a favor do Estado, de justificação administrativa regulada em lei especial.

2. Se existir inscrição de aquisição, reconhecimento ou mera posse, pode também suprir-se, mediante justificação judicial ou notarial, a intervenção do respetivo titular, exigida pela regra do n.º 2 do artigo 34.º.

1.6. Escritura de justificação notarial

Paralelamente, o suprimento extrajudicial demandava a celebração de escritura pública, como decorre do prescrito no artigo 116.º do CRP e nos artigos 100.º e segs. do Código do Notariado, matéria que se encontra exaustivamente desenvolvida no Capítulo II deste livro, para o qual remetemos.

1.7. Legislação avulsa – Justificações

1.7.1. Com a publicação dos Decretos-Leis n.ºs 103/90, de 22 de Março, e 312/90, de 2 de Outubro, criou-se também a possibilidade de o suprimento extrajudicial ocorrer mediante a organização de processos de justificação na conservatória territorialmente competente, com vista à obtenção de um título.

1.7.1.1. Emparcelamento - Decreto-Lei n.º 103/90

Este diploma instituiu, no âmbito das operações de emparcelamento, um processo especial de justificação para inscrição no registo predial, dos direitos abrangidos pelas referidas operações de emparcelamento - «determinação da situação jurídica dos prédios» que estejam compreendidos numa «operação de emparcelamento» da propriedade.

A definição de emparcelamento encontra-se consagrada no n.º 1 do artigo 1382.º do C.C., estabelecendo o n.º 2 do mesmo preceito que os termos em que devem ser realizadas as operações de emparcelamento são fixados em legislação especial.

O Decreto-Lei n.º 384/88, de 25 de outubro, estabeleceu as bases gerais do emparcelamento e fracionamento dos prédios rústicos e de explorações agrícolas e procurou redefinir o conceito de emparcelamento, articulando-o com a promoção do aproveitamento racional dos recursos naturais e a manutenção do equilíbrio e estabilidade ecológica, consagrada na alínea

3. Na hipótese prevista no número anterior, a usucapião implica novo trato sucessivo a partir do titular do direito assim justificado.
4. O processo de justificação previsto na lei sobre emparcelamento substitui, com as necessárias adaptações, a escritura de justificação notarial».

d) do n.º 2 do artigo 66.º da Constituição da República Portuguesa, e ao Decreto-Lei n.º 103/90, de 22 de Março, que procedeu à regulamentação da referida matéria[139].

Os aludidos decretos, porém, foram recentemente revogados pelo artigo 64.º da Lei n.º 111/2015, de 27 de Agosto, que estabeleceu o novo Regime Jurídico de Estruturação Fundiária[140].

1.7.1.2. Suprimento da prova do registo - Decreto-Lei n.º 312/90

Este Decreto-Lei criou um processo especial de suprimento da prova do registo predial, alternativo à justificação judicial ou à escritura de justificação notarial, que corria seus termos na conservatória competente para a elaboração do correspondente registo.

O referido diploma teve ainda a particularidade de consagrar uma forma especial de elaborar registos relativos às inscrições intermédias, mediante uma mera «anotação» na respetiva ficha de registo no sentido de que fora feita a correspondente qualificação positiva dos correspondentes pedidos – cfr. o n.º 1 do artigo 10.º do citado Decreto-Lei n.º 312/90[141].

A implementação prática deste processo especial de suprimento não logrou obter grande sucesso, tendo sido entendido que o mesmo não revestia cariz obrigatório para as conservatórias, vindo até a ser equiparado pela doutrina do Conselho Técnico da então Direção-Geral dos Registos e do Notariado (atual IRN, I.P.) ao chamado «processo pré-registral», razão pela qual só deveria ser aceite se as conservatórias, sem prejuízo das exigências normais do serviço, dispusessem de condições que lhes permitissem ainda assegurar essas tarefas específicas – artigos 3.º e 8.º[142].

E acrescentava-se que do facto de as conservatórias não poderem satisfazer esses pedidos (independentemente das razões de cada uma delas)

139 A este propósito e para mais desenvolvimentos veja-se a doutrina firmada no parecer proferido no proc.º n.º R.P.34/2010 SJC-CT.

140 No que concerne ao regime transitório veja-se o que se encontra estabelecido no artigo 62.º da aludida Lei n.º 111/2015.

141 Para mais desenvolvimentos sobre o ponto veja-se Vicente J. Monteiro, in Desjudicialização da Justificação de Direitos sobre Imóveis – Cenor.fd.uc.pt., bem como o parecer do CT proferido no proc.º n.º 45R.P.94, publicado no BRN n.º 3/96, pág. 19.

142 Vejam-se, adrede, os argumentos expendidos no parecer proferido no proc.º n.º 28/1992 R.P. 4, in BRN n.º 3/2002, págs. 57 e segs.

não se podem linearmente extrair prejuízos para os utentes visto que sempre lhes sobra a possibilidade de recorrerem à celebração de escrituras de justificação ou mesmo instaurar ações de justificação judicial.

O aludido diploma, na parte respeitante ao suprimento da falta de títulos – artigos 3.º a 11.º –, foi, entre outros, revogado pelo artigo 8.º do Decreto-Lei n.º 273/2001, de 13 de Outubro.

2. Revogação do Decreto-Lei n.º 284/84 - Justificação judicial

Ao contrário do que foi anunciado no exórdio do Decreto-Lei n.º 284/84, a matéria alusiva à ação de justificação judicial não só não foi integrada no Código de Processo Civil como foi expressamente revogada pelo Decreto-Lei n.º 273/2001, de 13 de Outubro, diploma que operou a transferência de processos de competência eminentemente registal dos tribunais judiciais para os conservadores de registo com o intuito de desonerar os tribunais de processos que não consubstanciam verdadeiros litígios.

Mas atenção, parece-nos, de qualquer modo, que o legislador foi claro ao referir expressamente que a competência para a decisão desses processos era do conservador.

No nosso entendimento, só indesejáveis (e inconcebíveis) desvirtuamentos futuros puderam conduzir à possibilidade de os mesmos serem decididos por quem não tem habilitação própria nem competência específica para o efeito.

Nesta conformidade, afigura-se-nos que, em termos de direito a constituir, deve ter-se em consideração o regime de exclusividade das funções do conservador e legislar em conformidade, designadamente, em termos idênticos aos que já se encontram consagrados no Decreto-Lei n.º 272/2001, de 13 de Outubro[143].

[143] Veja-se, adrede, o parecer proferido no proc.º n.º C.P.41/2014 STJ-CC, em especial a nota 68.

Secção II
Justificação

1. Finalidade

Não é demais sublinhar que com a publicação dos diplomas que vieram possibilitar a justificação (seja mediante escritura de justificação, ação de justificação judicial, processo de justificação registal, ou outros) se visou sempre satisfazer prementes necessidades de ordem prática – suprimento da falta de título –, tendo o legislador, na institucionalização de tais meios, supesado, seguramente, os eventuais perigos decorrentes da adoção dos regimes em causa bem como as vantagens resultantes do acesso dos bens ao registo, de outro modo impossível ou extremamente difícil.

Acresce ainda, por outro lado, que, tendo em conta que a presunção derivada do registo é ilidível mediante prova em contrário, posto que se trata de uma presunção *juris tantum*, a situação, se anómala, não é irreversível.

2. Obrigatoriedade do registo

A obrigatoriedade direta do registo consagrada no artigo 8.º-A do CRP, pelo Decreto-Lei n.º 116/2008, de 4 de julho[144], aliada à promoção obrigatória do registo pelas entidades tituladoras (artigo 8.º-B), dentro de determinado prazo (artigo 8.º-C), e a estipulação de uma *sanção* pelo cumprimento tardio da obrigação de registar (artigo 8.º-D) contribuirá, certamente, para a redução da abstenção que existia[145], até então, em matéria de apresentação dos pedidos de registo e, num futuro que se almeja tão próximo quanto possível, se recolherão os inerentes frutos, tornando-se o registo cada vez mais credível e completo garantindo a segurança do comércio jurídico, fim primacialmente visado pelo registo[146].

144 O aludido diploma criou um sistema de registo obrigatório – artigos 8.º-A, a 8.º-D, do CRP –, com vista a potenciar a coincidência entre a realidade física, a substantiva e a registal, contribuindo, assim, para aumentar a segurança no comércio jurídico imobiliário.

145 Até este momento existia apenas a obrigatoriedade indireta do registo.

146 Vd. Isabel Pereira Mendes, in Estudos sobre Registo Predial, págs. 107 e segs.

Secção III
Regime jurídico da justificação relativa ao trato sucessivo

1. Inexistência de litígio

Como já atrás salientámos, o regime jurídico da justificação relativa ao trato sucessivo encontra-se atualmente previsto e regulado nos artigos 116.º e segs. do Código do Registo Predial (doravante CRP) e nos já referidos artigos 89.º e segs. do Código do Notariado (CN)[147].

O novo regime corresponde essencialmente ao texto fixado pelo Decreto-Lei n.º 273/2001, de 13 de outubro (com as alterações introduzidas pelos Decretos-Leis n.ºs 116/2008, de 14 de julho, e 125/2013, de 30 de Agosto), diploma que introduziu profundas alterações no regime vigente inserindo-se, como é proclamado no respetivo preâmbulo, num plano de desburocratização e simplificação processual, que procede à transferência de competências em processos de caráter eminentemente registal, mas até então atribuídas aos tribunais judiciais, para o âmbito de competência dos conservadores de registo, numa estratégia de desjudicialização de matérias que não configuram verdadeiro litígio, pois, como se sabe, havendo-o, só nos tribunais pode o mesmo ser dirimido.

Por conseguinte, a admissibilidade do processo de justificação pressupõe a inexistência de qualquer situação controvertida ou litigiosa, encontrando-se direcionada para a resolução pacífica de problemas atinentes à falta de título, nunca à falta de direito.

Com efeito, para que se possa proceder à justificação tem de haver uma razoável certeza de que o direito existe, não sendo atribuída ao conservador qualquer competência específica para dirimir litígios, função que, consabidamente, cabe em exclusivo aos tribunais, por força do disposto no artigo 205.º da Constituição da República Portuguesa.

Ora, fala-se em litígio quando existe um conflito de interesses entre dois sujeitos (pelo menos), sendo que um deles se afirma titular de um interesse tutelado pelo Direito, formulando a sua pretensão, em confor-

[147] Sobre o ponto em apreço, veja-se também o artigo 79.º do Código do Registo Comercial (CRC), na redação introduzida pelo Decreto-Lei n.º 273/2001, de 13 de Outubro, não obstante tenha sido posteriormente revogado.

midade, no tribunal, enquanto que o outro sujeito se arroga titular de um interesse contraposto, infirmando aquela pretensão[148].

2. Modalidades

2.1. Justificação para obter a primeira inscrição

Decorre expressamente do disposto no n.º 1 do artigo 116.º do CRP que o adquirente que não disponha de documento para prova do seu direito pode obter a primeira inscrição (ou estabelecimento do trato sucessivo) mediante escritura de justificação notarial (meio este já atrás tratado) ou mediante decisão proferida no âmbito do processo de justificação previsto e regulado no Título VI, Capítulo I, do citado Código.

2.2. Justificação para reatamento do trato sucessivo

Nos casos em que exista inscrição de aquisição, reconhecimento ou mera posse, a falta de intervenção do respetivo titular exigida pela regra plasmada no n.º 4 do artigo 34.º[149], pode, igualmente, ser suprida nos termos referidos no parágrafo anterior, vale por dizer, mediante o recurso à celebração de escritura de justificação notarial ou decisão do conservador proferida no processo de justificação a decorrer nos serviços de registo, por força do disposto no n.º 2 do artigo 116.º do CRP.

2.3. Justificação para estabelecimento de novo trato sucessivo

No caso previsto no n.º 2 do artigo 116.º, a usucapião implica, porém, novo trato sucessivo a partir do titular do direito assim justificado – artigos 116.º, n.ºs 2 e 3, do CRP e artigos 90.º e 91.º do CN -, devendo o escopo visado ficar claramente consignado na escritura notarial ou na decisão tomada

[148] Vd. Lebre de Freitas, in Introdução ao Processo Civil – Conceitos e princípios gerais à luz do novo código, 2013, 3.ª edição, págs. 58 e segs.

[149] Do texto do atual n.º 2 do artigo 116.º do CRP consta, indevidamente, o n.º 2 do artigo 34.º. Porém, como facilmente se constata, o número correto é o n.º 4 do referido artigo 34.º, devendo, portanto, fazer-se uma leitura atualista daquele preceito no sentido indicado.

no processo de justificação em causa, tendo em conta o alegado no pedido pelo interessado e demais elementos pertinentes[150].

2.4. Por conseguinte, a justificação tanto pode servir para quem se arroga a titularidade do direito obter a primeira inscrição (ou registo prévio) – n.º 1 do artigo 116.º –, como para o reatamento do trato sucessivo – n.º 2 do artigo 116.º conjugado com o n.º 4 do artigo 34.º –, como para o estabelecimento de um novo trato sucessivo – n.º 3 do artigo 116.º.

3. Pressupostos da justificação

3.1. A justificação, seja mediante escritura de justificação notarial seja mediante processo de justificação registal, só é admissível verificando-se, naturalmente, determinados pressupostos (elencados a seguir) que tornam o recurso a este meio legítimo e lícito.

A saber:

a) O primeiro, a ausência total de qualquer situação controvertida. Com efeito, se pairar alguma dúvida quanto à *existência do direito*, indefinição ou litígio relativamente ao prédio em causa, arredada fica a possibilidade de se recorrer a este meio de suprimento, dado que nem o conservador nem o notário têm competência para dirimir conflitos, sendo esta uma função jurisdicional exclusiva dos tribunais, exercida pelos juízes[151].
Como nota Pereira Rodrigues ao fazer a síntese de um Acórdão do Tribunal de Relação de Lisboa[152], a ausência de litígio constitui a pedra de toque: «ou ela existe e, então, o interessado no registo pode e deve recorrer desde logo ao tribunal; ou ela não existe e, então, o interessado deverá recorrer ao processo de justificação relativa ao trato sucessivo a correr no serviço de registo. Nesse processo não terá de demandar oponentes, porque oponentes não se conhecem, ressalvado o caso, de a justificação se destinar ao reatamento ou ao

[150] Veja-se, neste sentido, a doutrina expendida no parecer do CT proferido no proc.º n.º R.P.129/2010 SJC-CT, disponível em www.irn.mj.pt

[151] Como decorre do disposto no n.º 1 do artigo 205.º da Constituição da República Portuguesa, a administração da justiça compete aos tribunais.

[152] In ob. cit., pág. 98.

estabelecimento de novo trato sucessivo, da citação[153] do titular da última inscrição (artigo 117.º-G/2 do C.R.P.).
Note-se, no entanto, que caso exista à partida claro litígio sobre a posse do bem, o interessado no registo pode e deve recorrer desde logo ao tribunal, pois seria puro desperdício de tempo e de meios intentar o processo no serviço do registo predial para este, depois, ter de o declarar findo mediante a oposição da parte contrária».
Na verdade, tendo em consideração que o n.º 2 do artigo 117.º-H determina que se houver oposição o processo é declarado findo e os interessados remetidos para os meios judiciais, cremos que encetar processo de justificação registal condenado desde logo ao insucesso, em face do conhecimento do litígio *ab initio*, constitui puro desperdício de recursos, sendo assim de evitar.

b) O segundo, falta de *título*, não falta do *direito*.
Para que se possa proceder a uma justificação é necessário que se verifique uma razoável certeza de que o direito existe. A falta respeita apenas ao título. Por isso, os tituladores têm de ficar convencidos da preexistência do direito, já que a justificação tem como escopo a atualização do registo através da obtenção de um título formal, que permita a sua execução, por o justificante não ter (porque não a possui, mesmo, ou porque não a localiza) a imprescindível prova documental para servir de base ao registo.
É que, por força da norma imperativa consagrada no n.º 1 do artigo 43.º do CRP, só podem ser registados os factos constantes de documentos que legalmente os comprovem[154].

c) O terceiro, inviabilidade de obter o título pelas vias normais.
A justificação notarial bem como o processo de justificação são considerados meios excecionais (anormais) de titular atos. A alegada inviabilidade ou impossibilidade de o interessado obter o título

[153] O autor fala em citação do titular inscrito porque, ao tempo, assim resultava da lei, que entretanto foi substituída. Hoje, o texto legal determina a notificação do titular da última inscrição.

[154] Veja-se o que ficou dito nos pareceres proferidos nos proc.ºs n.ºs R.Co.5/2010 SJC-CT e R.Co.28/2011 SJC-CT, os quais, não obstante tirados em sede de registo comercial, têm aqui plena aplicação mediante a mera substituição das normas legais pertinentes (artigo 43.º, n.º 1, do CRP em vez de artigo 32.º, n.º 1, do CRC).

pelas vias tradicionais, segundo critérios de normalidade, deve ser avaliada pelo conservador e/ou pelo notário aquilatando se, em face da alegação do interessado, é de facultar, ou não, o recurso ao processo de justificação registal ou à escritura de justificação notarial[155].

d) O quarto, de natureza objetiva, prende-se com a inscrição do prédio na matriz.
Este pressuposto, de inscrição matricial demanda abordagem distinta consoante seja considerada no âmbito da escritura de justificação notarial ou no processo de justificação registal.
Neste processo, porque, havendo necessidade, é possível desencadear diligências complementares (tal como dantes acontecia no processo de justificação judicial) aceita-se a simples participação matricial, ao contrário do que acontece para a celebração da escritura de justificação.
Este assunto será um pouco mais desenvolvido em número a seguir, subordinado à epígrafe «Restrições à admissibilidade da justificação».

e) O quinto, estrita observância da lei.
Quer este pressuposto dizer que, por via da justificação, não se podem contornar ou violar comandos legais que de outro modo teriam de ser cumpridos. Referimo-nos, designadamente, às prescrições administrativas relativas ao regime jurídico do loteamento urbano ou à licença de utilização.
No proc.º n.º CN 27/2000 DSJ-CT[156] foi deliberado que o artigo 4.º do Decreto-Lei n.º 281/99, de 26 de julho, quis condicionar a justifi-

[155] Do Código do Notariado Anotado pela DGRN, pág. 146, consta, neste sentido, que «sendo a justificação notarial um meio anormal de titular atos, tem, necessariamente, de considerar-se subordinada à condição de serem especificadas na escritura as circunstâncias que impossibilitam a correspondente prova pelos meios normais».
O exposto vale, *mutatis mutandis*, para o processo de justificação que corre seus termos nos serviços de registo.

[156] In BRN n.º 6/2002, II Caderno, pág. 5. Veja-se, também, o parecer proferido pelo CT no proc.º n.º R.P.83/98 DSJ-CT, publicado no BRN n.º 2/99.
No que concerne à verificação da existência da licença de autorização de utilização veja-se, ainda, o parecer proferido no proc.º n.º R.P.39/2010 SJC-CT, do qual se transcreve, por ilustrativa, a VI Conclusão: «... invocada a usucapião, porque a aquisição do direito de propriedade

cação (notarial, registal ou outra) de direitos sobre prédios urbanos à comprovação da existência da correspondente licença de utilização, criando, assim, um novo requisito de admissibilidade daquela. Este entendimento foi recentemente reafirmado no parecer proferido no proc.º n.º R.P.39/2011 STJ-CC[157], aí se salientando que a exigência estabelecida no artigo 4.º do Decreto-Lei n.º 281/99, de 26 de Julho, se aplica a todas as modalidades de justificação previstas no artigo 116.º do CRP, porquanto o preceito legal não distingue consoante se trate de reatamento do trato sucessivo ou do seu estabelecimento.

A propósito da aplicabilidade das restrições urbanísticas realçamos que também Mónica Jardim e Dulce Lopes[158] observam que a usucapião não pode funcionar como uma «válvula de escape» para adquirir um direito que de outro modo (isto é, através da formalização do negócio jurídico translativo) seria insuscetível de aquisição, sob pena de se deixar entrar pela janela o que se impediu que entrasse pela porta.

E mais, acrescentam as autoras, «a aquisição originária, mediante a invocação da usucapião, não pode ser aceite como forma de defraudar as normas de direito do urbanismo e não encontramos razões para que não se exija a certificação dos requisitos para o "destaque" nos termos do disposto no artigo 6.º do RJUE» ou a apresentação da licença de loteamento, consoante o caso concreto.

Ainda na mesma linha de pensamento não podemos deixar de invocar o Acórdão do STJ de 26 de janeiro de 2016 [159], do qual transcrevemos as conclusões pertinentes para o efeito:

se reporta ao momento do início da posse, quando aquela respeite a um lote de terreno para construção ou à edificação nele implantada, devem constar do título as menções sobre os loteamentos urbanos exigidas pela lei em vigor no momento em que a posse se iniciou e, portanto, a usucapião se verificou.

Do mesmo modo, quando o título comprovativo da justificação disser respeito a um prédio urbano, funciona como mais um requisito de admissibilidade do mesmo, a comprovação da existência da correspondente licença».

[157] Cfr., novamente, o parecer constante do já citado proc.º n.º R.P.39/2010 SJC-CT. No mesmo sentido veja-se, também, o Acórdão do TRC proferido no proc.º n.º 4262/03.

[158] In O urbanismo, o ordenamento do território e os tribunais, com coordenação de Fernanda Paula Oliveira, págs. 757 a 811.

[159] In www.dgsi.pt, proc.º n.º 5434/09.2TVLSB.L1.S1.

"3) Em simultâneo com o instituto da usucapião - de natureza privatística - coexistem no nosso ordenamento jurídico disposições de natureza jurídico-administrativa – de direito público - que disciplinam o ordenamento do território e condicionam a utilização dos solos, estendendo-se os seus efeitos aos actos e negócios jurídicos que os particulares praticam relativamente a bens imóveis.
4) Um dos principais instrumentos de que o legislador se tem servido para conformar e conjugar os interesses públicos e privados no que se refere à utilização dos solos tem sido a legislação sobre loteamentos urbanos, tendo esta como propósito geral impedir o aproveitamento indiscriminado de terrenos para a construção urbana e evitar a criação de núcleos habitacionais contrários ao racional desenvolvimento urbano do território, não olvidando a qualidade de vida das populações (com reflexo nos direitos de personalidade,"máxime" a higiene e salubridade), as infraestruturas urbanísticas e "last but not least"a estética .
5) O diálogo entre o direito civil e o direito do urbanismo e o objectivo de aplicação uniforme e coerente do ordenamento jurídico como um todo implicam que as normas de cariz administrativo respeitantes ao fraccionamento, ao loteamento e ao destaque de imóveis sejam atendidas aquando do reconhecimento das formas de aquisição da propriedade, mormente da usucapião.
6) Os tribunais judiciais não podem manter-se como espaços de aplicação exclusiva do direito civil ignorando as intersecções deste com o direito do urbanismo, sendo cada vez mais urgente, face à natureza imperativa e aos interesses públicos que este último prossegue, abandonar este estado "monocromático" das relações entre ambos estes ramos do direito.
7) Na ausência de demonstração do cumprimento das limitações impostas pelas normas administrativas de ordenamento do território relativas à validade das operações urbanísticas como o loteamento ou o destaque (artigos 3.º, alínea a), 5.º, 53.º, n.º 1 e 56.º, n.º 1, do Regime Jurídico dos Loteamentos Urbanos, republicado pelo Decreto-Lei n.º 334/95, de 28-12, aplicáveis na data da celebração da escritura), não podem os actos de posse baseados num facto proibido por essas leis permitir uma aquisição por usucapião na medida em que contrários a uma disposição de carácter imperativo (artigo

294.º do Código Civil), sendo nula a escritura de justificação que a titula.

Como síntese das reflexões precedentes afigura-se-nos que não é temerário afirmar que as restrições legais imperativas colocadas ao fracionamento de prédios por força do disposto nos Regime Jurídico da Urbanização e Edificação (RJUE) não podem ser postergadas mediante a invocação da usucapião, sob pena de se defraudarem normas de direito urbanístico, de cariz imperativo, bem como os interesses públicos que este acautela.

f) O sexto, que o objeto da justificação respeite a bens imóveis (ou móveis sujeitos a registo) integrados no comércio jurídico.
Como já salientámos, os bens do domínio público encontram-se excluídos do comércio jurídico, por força do preceituado no n.º 2 do artigo 202.º do CC[160].

g) O sétimo, notificação do titular inscrito ou dos seus herdeiros, se for caso disso.
Este pressuposto é, naturalmente, restrito aos casos em que existe titular inscrito, prendendo-se com as presunções derivadas do registo, consagradas no artigo 7.º do CRP, e com o incontornável princípio do trato sucessivo – cfr. o artigo 34.º.
É que, na verdade, é impensável que à revelia do titular inscrito se possibilite o ingresso nas tábuas de qualquer registo sem que este tenha alguma intervenção ou, pelo menos, sem que tenha tido possibilidade de intervir[161].
Como se salienta em inúmeros pareceres do Conselho Consultivo do IRN, I.P., em face do sistema de registo predial, dos seus princípios e da sua organização, com a primeira inscrição inicia-se uma cadeia do direito publicitado que se desenvolve, acrescentando novos elos, com a inerente transferência do direito e dos efeitos do registo mediante novo registo (artigo 10.º), ou que se extingue por caducidade (artigos 10.º e 11.º, n.º 4) ou por cancelamento com base na extinção dos

[160] Sobre o ponto pode ver-se, designadamente, Menezes Cordeiro, in Tratado de Direito Civil Português, I, Parte Geral, Tomo II, 2.ª edição, págs. 35 e segs., Gomes Canotilho e Vital Moreira, in Constituição da República Portuguesa Anotada, 3.ª edição, págs. 410 e segs, e Antunes Varela e Pires de Lima, in Código Civil, I Volume, pág. 179.

[161] Relativamente a esta matéria veja-se o parecer proferido no proc.º n.º R.P.255/2007 DSJ-CT.

direitos ónus ou encargos definidos no registo (artigo 13.º), suprimindo-se, deste modo, o direito do mundo jurídico.

4. Regularidade fiscal

4.1. No que concerne à regularidade fiscal salienta-se que, no caso de justificação para primeira inscrição, se presume a observância das obrigações fiscais por parte de quem vai figurar no título como justificante, se o direito em causa se encontrar inscrito em nome deste na matriz, como decorre do prescrito no n.º 1 do artigo 117.º.

No caso de se tratar do reatamento do trato sucessivo, a lei, no caso de impossibilidade de se comprovarem os impostos referentes às transmissões justificadas, torna dispensável a apreciação da regularidade fiscal das referidas transmissões, contentando-se com a certificação daquele facto pela repartição de finanças, ao abrigo do preceituado no n.º 2 do artigo citado.

5. Restrições à admissibilidade da justificação

Do disposto no artigo 117.º-A do CRP (bem como do artigo 92.º do CN, embora em termos diversos, como veremos adiante) decorrem restrições à admissibilidade da justificação concernentes à inscrição matricial.

Vejamo-las, pois.

5.1. Inscrição na matriz

5.1.1. A justificação de direitos que, nos termos da lei fiscal, devam constar da matriz só é admissível no caso de os direitos em causa se encontrarem já nela inscritos ou no caso em que esteja pedida a sua inscrição na matriz, reportada à data da instauração do respetivo processo de justificação, como resulta do prescrito no n.º 1 do citado artigo 117.º-A.

Como se vê, esta norma fiscal admite como suficiente para a justificação registal de direitos o mero pedido de inscrição do prédio na matriz.

A norma paralela plasmada no n.º 1 do artigo 92.º do CN é, contudo, mais exigente e restritiva. Com efeito, aqui exige-se a inscrição efetiva na matriz enquanto que no âmbito do processo de justificação registal se aceita também o mero pedido de inscrição na matriz, como acima sublinhámos.

Esta diferença (injustificada, para alguns) relativa ao pressuposto da inscrição matricial terá as suas raízes implantadas no tempo em que o processo de justificação era judicial, com a inerente possibilidade real de serem feitas as diligências complementares que se considerassem necessárias para esclarecer devidamente a situação vertente.

É por força do disposto na aludida norma que há quem entenda que no caso de o prédio não estar inscrito na matriz, o interessado não pode socorrer-se da escritura de justificação notarial, devendo, imperativamente recorrer ao processo de justificação registal (de certo modo sucedâneo da justificação judicial), enquanto tal não suceder.

Que o legislador quis marcar diferenças (e mantê-las) entre a escritura de justificação e o processo de justificação não existe a menor dúvida, pois elas encontram-se assinaladas tanto na redação do n.º 1 do artigo 92.º do CN como na do n.º 1 do artigo 117.º-A do CRP, sendo certo que a redação destas normas foi conferida pelo mesmo diploma legal – o Decreto-Lei n.º 273/2001, de 13 de Outubro. Ora, posteriormente, se tal se devesse a mero lapso (ideia que não perfilhamos), o legislador teve já muitas oportunidades para reparar a discrepância se o pretendesse.

Nestes termos, em face da lei vigente, o que se nos afigura legítimo é, tão só, indagar se as notórias diferenças existentes são ou não justificáveis.

Analisemos, então, a questionada matéria.

5.1.2. A posição que se pode considerar perfeitamente consolidada no âmbito da doutrina do Conselho Consultivo (e anterior Conselho Técnico)[162], sem tergiversações, é no sentido de que da norma imperativa ínsita no n.º 1 do artigo 92.º do CN resulta que o recurso à escritura

[162] Cfr., entre muitos outros, os pareceres proferidos nos proc.ºs n.ºs 12/94, 5/96 Not.3, 77/97, CN107/2003, 253/2002, publicados, respetivamente, nos BRN n.ºs 2/95, 6/99, 3/98, 11/2003, e, mais recentemente, as deliberações tomadas nos proc.ºs n.ºs R.P.108/2010 SJC-CT e R.P.112/2010 SJC-CT, nos quais, além da reiteração da doutrina do Conselho, se conclui que a outorga de escritura de justificação em que se invoque a usucapião como título aquisitivo de prédio que se declare inscrito sob "parte de artigo" preexistente ou pendente de inscrição matricial, constitui manifesta violação da norma imperativa plasmada no n.º 1 do artigo 92.º do CN, acarretando a nulidade do ato jurídico dessa invocação e, consequentemente, retira a tal escritura a idoneidade para servir de título (formal) à inscrição em vista de cuja feitura se lavrou.

pública de justificação para os efeitos previstos no n.º 1 do artigo 116.º do CRP apenas é lícito verificando-se a efetiva inscrição na matriz do prédio em relação ao qual a titularidade do direito justificando se afirme.

5.1.3. Como nota também Mouteira Guerreiro[163], a inscrição na matriz constitui uma espécie de prova mínima de natureza objetiva, de que o direito e o prédio existem de facto e não são pura invenção dos justificantes.

Da norma plasmada no n.º 1 do artigo 92.º do CN decorre, imperativamente, a necessidade de a inscrição matricial estar feita em nome do justificante ou de quem ele haja adquirido, não se conformando com a mera participação para a inscrição[164], como se permite no processo de justificação que corre nos serviços registais, certamente por se admitir que o conservador pode aqui desencadear diligências complementares para dissipar eventuais dúvidas concernentes ao prédio em causa.

5.1.4. Entre os autores que defendem a possibilidade de se recorrer à justificação notarial mesmo nos casos de o prédio se encontrar omisso na matriz figura Borges de Araújo[165], que fundamenta a sua posição no facto de a matriz não conferir direitos a ninguém, só lhe interessando mesmo saber quem paga os impostos sobre os imóveis.

5.1.5. Por fim, e na linha de pensamento dos que defendem a impossibilidade de justificar notarialmente direitos não inscritos na matriz, referimos que no Acórdão do TRC, de 13 de Abril de 1999[166], foi decidido que «em sede de justificação notarial, pretendendo-se a primeira inscrição, atestante da dominialidade do prédio, tem-se como razoável que a lei exija como condição essencial a existência de inscrição matricial, certificativa da existência do prédio, para efeitos de segurança e dignidade dos registos.

Por conseguinte, entendemos que se deve considerar nula a escritura de justificação notarial a que se procedeu para justificação de aquisição por usucapião do prédio omisso na matriz, mesmo que feita a participação na repartição de finanças para a sua inscrição.

[163] In Notas sobre as Justificações, pág. 6.

[164] In Manual ..., págs. 496 e segs.

[165] In Prática Notarial, págs. 346 e 347.

[166] In CJ/1999, Tomo III, pág. 5.

E por isso, deve o Conservador recusar o registo sob apresentação de escritura solenizada nessas condições».

5.1.6. Como corolário lógico do exposto e em face da legislação vigente, afigura-se-nos, em suma, que se pode afirmar que só mediante a instauração do processo de justificação registal é possível justificar o direito que não se encontre já inscrito na matriz em nome do justificante, mas meramente participado à matriz.

5.2. Outras restrições

5.2.1. Nem a escritura de justificação nem o processo de justificação constituem, naturalmente, meio idóneo para retificar a área de um prédio erradamente declarada no título que serviu de base ao registo[167].

Verificando-se que o prédio em causa tem uma área superior à que consta do registo, não pode a mesma ser retificada mediante justificação[168].

Neste caso, o interessado pode desencadear o competente processo de retificação previsto e regulado nos artigos 120.º e segs. do CRP.

5.2.2. A jurisprudência entende (e bem, na nossa modesta opinião) que a escritura de justificação notarial ou o processo de justificação não são o meio próprio para, através dela ou dele, se proceder à correção ou retificação de um qualquer elemento de identificação de um prédio, nomeadamente, o respeitante à sua área[169].

6. Legitimidade

6.1. A legitimidade para pedir a justificação cabe também, além do pretenso titular do direito, a quem demonstre ter legítimo interesse no registo

[167] Nesta conformidade, veja-se o parecer proferido no proc.º n.º R.P.142/2010 SJC-CT.

[168] O procedimento extraordinário de regularização da situação jurídico-registral de bens imóveis criado pelo Decreto-Lei n.º 51/2017, veio permitir que se proceda à fixação, alteração ou retificação dos elementos da descrição quanto aos limites ou caraterísticas de prédios do domínio privado do Estado – cfr. o disposto na alinea c) do n.º 1 do artigo 13.º.

[169] Ver, neste sentido, os acórdãos do STJ de 14 de Janeiro de 1997, do TRC de 11 de Novembro de 2003, publicados, respetivamente, nas CJ/STJ, 1997, Tomo I, pág. 40, e na CJ, 2003, Tomo III, pág. 141, e, ainda, o acórdão do TRL de 10 de Abril de 2003.

definitivo do respetivo facto aquisitivo, incluindo, designadamente, os credores do titular do direito justificando, como resulta do preceituado no n.º 2 do artigo 117.º-A.

O legislador, para que dúvidas não houvesse, teve o cuidado de expressamente incluir os credores no círculo dos titulares de um interesse legítimo para o efeito, visto serem, em princípio, interessados no aumento do património do devedor.

No entanto, para além dos titulares de um interesse legítimo referidos a título meramente exemplificativo (como decorre da expressão «designadamente»), outros existem com legitimidade para pedir o processo de justificação registal, nomeadamente, possíveis fiadores do possuidor ou quaisquer outras pessoas que tenham assumido uma garantia real ou pessoal[170].

6.2. Como facilmente se depreende encontra-se aqui consagrada uma legitimidade muito lata, mas, segundo nos parece, o tratamento que lhe é dispensado no n.º 2 do citado artigo 117.º-A[171] tem, com efeito, toda a razão de ser visto que, além do possuidor, outros há a quem convenha pedir a justificação, designadamente, os credores do titular do direito justificando para verem aumentado o património do devedor (que pode ter a intenção de a isso se furtar).

No entanto, esta avaliação do conservador relativamente ao mencionado «interesse legítimo» pode acarretar algumas dificuldades provenientes do facto de a expressão comportar em si mesma um conceito algo indeterminado.

Como ensina Baptista Machado[172] no ordenamento jurídico podemos distinguir entre conceitos *determinados* e conceitos *indeterminados*. Os primeiros formam as estruturas arquitetónicas consolidadas da ordem jurídica, assentando em conceitos precisos, rigorosos e organizados, garantindo a certeza e a segurança jurídica. Mas porque a mesma ordem jurídica necessita de se adequar às mudanças da sociedade técnica, é decisiva a opção do legislador por conceitos indeterminados que permitem que a lei se molde às particularidades das situações da vida.

170 Nesta conformidade, veja-se o parecer prolatado no proc.º n.º C.P.41/2014 STJ-CC bem como os autores nele referidos – nota 39.

171 A redação deste preceito foi conferida pelo Decreto-Lei n.º 273/2001.

172 In Introdução ao Direito e ao Discurso Legitimador, 17.ª reimpressão, págs. 113 e segs.

E, continua o autor, neste caso a decisão do órgão que aplica o Direito é estritamente menos vinculada à lei, tanto no caso de a regra jurídica conter conceitos indeterminados ou cláusulas gerais, como no caso de o órgão tomar a decisão no exercício de um poder discricionário. No primeiro caso estamos ainda no domínio do *princípio da legalidade*, ao passo que no segundo caso, encontramo-nos no setor regido pelo *princípio da oportunidade*.

Secção IV
Tramitação do processo de justificação

1. Pedido

1.1. O processo de justificação, como decorre do disposto no n.º 1 do artigo 117.º-B, inicia-se com a apresentação do correspondente pedido em qualquer serviço de registo competente para a prática de atos de registo predial[173], à escolha do interessado.

Por força do disposto no artigo 117.º-B, n.º 2, alíneas a), b) e c), no pedido, que não necessita de ser articulado, o interessado solicita o reconhecimento do direito em causa, oferece e apresenta os meios de prova (documental e/ou testemunhal), que considere pertinentes, e indica, consoante os casos, o seguinte:

- Quando se trate de estabelecer o trato sucessivo relativamente a prédios não descritos ou a prédios descritos mas sem inscrição de aquisição, de reconhecimento ou de mera posse em vigor, a causa da aquisição e as razões que impossibilitam a sua comprovação mediante o recurso aos meios normais;
- Quando se trate de reatar o trato sucessivo, as sucessivas transmissões ocorridas a partir do titular inscrito, especificando as causas e procedendo à identificação dos respetivos sujeitos, bem como as razões que impedem a comprovação pelos meios normais das transmissões relativamente às quais declare não lhe ser possível obter o título;
- Quando esteja em causa o estabelecimento de novo trato sucessivo nos termos do n.º 3 do artigo 116.º (por se ter verificado uma interrupção na cadeia das transmissões própria da dinâmica do trato sucessivo), as circunstâncias em que baseia a aquisição originária, bem como as transmissões que a tenham antecedido e as subsequentes.

[173] A possibilidade de se instaurar o processo em qualquer serviço de registo independentemente da localização do prédio resulta da abolição da competência territorial ocorrida em 2008. Veja-se, em conformidade, o disposto no artigo 27.º do Decreto-Lei n.º 116/2008, de 4 de julho.

1.2. No caso de ser invocada a usucapião como causa de aquisição devem ser expressamente alegadas as circunstâncias de facto (não basta indicar os conceitos jurídicos) que determinam o início da posse, quando não titulada, bem como, em qualquer caso, as que consubstanciam e caraterizam a posse sustentáculo da usucapião, por força do disposto no n.º 3 do artigo 117.º-B.

1.3. Como, com razão, nota Borges de Araújo[174], a propósito do artigo 91.º do CN [mas igualmente aplicável aos casos previstos na alínea c) do n.º 2 e n.º 3 do artigo 117.º-B do CRP, visto que estas normas também impõem ao interessado que indique as transmissões que tenham antecedido e sucedido a aquisição originária], se a usucapião não vale sem a dedução do trato sucessivo anterior não há dúvida de que ela não produz os efeitos normais que lhe estão inerentes, limitando-se a lei a atribuir-lhe aqui um efeito meramente de ligação entre as anteriores transmissões e as subsequentes, não o reconhecimento, efetivo, de causa de aquisição originária.

Decorrentemente, verifica-se, nestes casos, uma desvalorização da usucapião, porque subordinada ao princípio do trato sucessivo[175], que estabelece, como regra geral, que o registo deve instituir uma cadeia ininterrupta de transmissões do bem, isto é, tem de se observar uma sequência linear e contínua dos factos inscritos de modo a que o transmitente de hoje seja o titular inscrito de ontem e que o titular inscrito de hoje seja o transmitente no futuro.

1.4. Menções obrigatórias

1.4.1. Identificação do prédio

No aludido pedido, em cumprimento do disposto no n.º 4 do citado artigo 117.º-B, o prédio objeto do direito justificando deve ser identificado pelo

[174] In Prática Notarial, págs. 353 e 354.

[175] Segundo Mónica Jardim, in A Evolução Histórica da Justificação ..., pág. 44, esta solução legal terá visado compensar o facto de o nosso ordenamento jurídico (ao contrário de outros, designadamente o da Alemanha e da Suíça) reconhecer a usucapião contratabular, ou seja, de admitir que a usucapião opere em contraste com a realidade registal e de nem sequer haver introduzido limitações à referida usucapião contratabular como forma de proteger terceiros (ao contrário do que acontece, v.g., em Espanha).

número da descrição[176], existindo, ou pelas menções necessárias para a abertura da descrição do mesmo (artigo 79.º, n.º 2), se não estiver descrito, procedendo-se também à indicação do número, data de emissão e entidade emitente das certidões de registo que tenham sido apresentadas ou, no caso de certidão permanente, a indicação do respetivo número de código de acesso, por força do prescrito na alínea b) do n.º 1 do artigo 44.º e do artigo 82.º, ambos do CRP.

1.4.2. Prédio não descrito

Respeitando a situação a prédio não descrito deve essa circunstância ser comprovada por certidão emitida pela conservatória com antecedência não superior a três meses[177], sendo competente para a sua confirmação apenas o serviço de registo da área da situação do prédio em causa, e já não qualquer outro serviço fora desta área concreta - vd. o disposto no n.º 2 do artigo 110.º-A do CRP.

Sublinha-se, desde já, que também o pedido deste tipo de certidões obedece a exigências particulares devendo dele constar, designadamente, a natureza do prédio, a sua situação, as confrontações e o artigo matricial, além do nome, estado civil e residência do proprietário ou possuidor atual, bem como dos dois imediatamente anteriores, a não ser que, quanto a estes, o requerente alegue o seu desconhecimento, apresentando as razões justificativas do mesmo – n.º 5 do artigo 111.º do CRP.

Respeitando o pedido da certidão a quota parte de prédio não descrito e indiviso deve ainda conter o nome de todos os comproprietários e, sendo casados, o nome do respetivo cônjuge – n.º 6 do aludido preceito.

[176] Por força do disposto no artigo 82.º do CRP, da descrição deve constar o número de ordem privativo dentro de cada freguesia (alínea a) do n.º 1), a natureza do prédio (rústica, urbana ou mista), a denominação do prédio e a sua situação (lugar, rua, números de polícia ou, se não existirem, confrontações), composição sumária e área do prédio e a sua situação matricial expressa pelo número de matriz, definitivo ou provisório, ou pela menção de estar omisso. Veja-se também, sobre o ponto, o que se encontra preceituado nos artigos 83.º e segs. do CRP.

[177] Dentre os documentos instrutórios da escritura de justificação para fins de registo predial consta a certidão comprovativa da omissão dos prédios no registo predial ou, estando descritos, a respetiva certidão passadas com antecedência não superior a três meses – vd. o disposto no n.º 2 do artigo 98.º do CN.

1.4.3. Prova da situação matricial

Salienta-se, no entanto, que a prova da inscrição na matriz deve ser obtida pelo serviço de registo mediante acesso direto à informação constante da base de dados das entidades competentes ou, em caso de impossibilidade, mediante emissão gratuita do documento comprovativo pelas referidas entidades, a solicitação oficiosa do serviço de registo, como decorre do prescrito no n.º 2 do artigo 31.º do CRP.

1.5. Alteração da redação do n.º 1 do artigo 117.º-B

1.5.1. A referida norma, na versão anterior à introduzida pelo Decreto-Lei n.º 116/2008, de 4 de Julho, referia-se a «requerimento» terminologia agora substituída por «pedido».

Subjacente à aludida alteração parece estar a vontade do legislador afastar este pedido do regime da petição inicial, por ser, consabidamente, eivado de maior formalismo, aqui dispensável[178].

Na mesma senda, veja-se também a alteração operada no n.º 1 do artigo 117.º-C que fixou em três o número de testemunhas[179], tal como acontece na escritura de justificação, procurando, neste ponto, obter, simultaneamente, uma aproximação às regras notariais e, em consequência, um claro afastamento das regras do processo judicial que, no artigo 511.º do CPC, admite a possibilidade de apresentação de um número que oscile entre uma a dez testemunhas.

[178] Neste sentido, veja-se Mónica Jardim, in A Evolução Histórica da Justificação de Direitos ..., pág. 50.

[179] Antes das alterações introduzidas pelo Decreto-Lei n.º 67/90, de 1 de março, o artigo 105.º do CN prescrevia que os declarantes tinham de residir na freguesia da situação dos prédios objeto da justificação.
Na vigência deste preceito decidiu-se no Acórdão da Relação do Porto, de 3 de abril de 1990, publicado na CJ de 1990, Tomo I, págs. 221 e 222, o seguinte: «I. É imperativo o preceito que impõe que, em escrituras de justificação para fins de registo predial, os declarantes residam na freguesia da situação do prédio.
II. A violação deste comando produz a nulidade do ato.
III. Esta nulidade não é sanável pelo decurso do prazo de 30 dias ou outro».
Atualmente esta exigência já não consta da lei – basta que o notário (ou o conservador, sendo o caso) considere as testemunhas dignas de crédito (artigos 96.º, 84.º e 83.º, n.º 1, do CN e artigo 117.º-C, n.º 2, do CRP), independentemente da sua residência.

E mais, atendendo à natureza e extensão dos temas da prova, o juiz pode, por decisão irrecorrível, admitir que o número de testemunhas a inquirir ultrapasse esse limite, como flui do disposto no n.º 3 do artigo 511.º do CPC[180], o que não acontece no âmbito do processo de justificação registal.

Se é certo que, no que concerne ao pedido e ao número de testemunhas, se assitiu ao afastamento do processo de justificação registal do processo judicial nos demais aspetos existe uma grande proximidade entre eles, sendo indiscutível que as regras consagradas no Código de Processo Civil se lhe aplicam subsidiariamente, com as devidas adaptações, por força do disposto no artigo 156.º do CRP.

2. Meios de prova – Testemunhal e documental

2.1. Com o pedido, que visa desencadear o início do processo de justificação, devem ser logo apresentados os meios de prova.

Decorre do disposto no n.º 1 do artigo 117.º-C do CRP que a indicação de testemunhas é, nem mais nem menos (invariavelmente), em número de três (na versão introduzida pelo Decreto-Lei n.º 273/2001, de 13 de Outubro, era permitido o oferecimento de testemunhas até ao máximo de cinco)[181], sendo também exigível a apresentação dos documentos comprovativos das transmissões anteriores e subsequentes ao facto justificado, salvo se o interessado alegar a impossibilidade de os obter.

Em face do caso concreto, podem ainda ser considerados necessários outros documentos para a verificação dos pressupostos da procedência do

[180] A limitação do número de testemunhas a dez, só é aplicável aos réus que apresentem uma única contestação. Se apresentarem contestações separadas podem, cada um de *per si*, oferecer aquele número de testemunhas, sem que, o autor ou os autores vejam ampliada a regra da consagrada na primeira parte do n.º 1 do artigo 511.º do CPC – cfr., neste sentido, Abílio Neto, in Novo Código de Processo Civil Anotado, 2014, pág. 561.

[181] Discutia-se muito, ao tempo, em face do elemento literal da norma, se haveria ou não obrigatoriedade de indicar testemunhas e qual o seu número mínimo. A lei – o então artigo 117.º-C – apenas dizia: ... testemunhas até ao máximo de 5.
Parece-nos, assim, que a obrigatoriedade do oferecimento das testemunhas resultava claramente da redação do preceito «são oferecidas as testemunhas até ao máximo de cinco...». Já no que concerne ao mínimo de testemunhas afigura-se-nos que bastaria a indicação de uma para preencher o requisito.
No entanto, Mouteira Guerreiro, in Notas..., pág. 5, entende que era indispensável a indicação de, pelo menos, duas testemunhas.

pedido, devendo o justificante ter o cuidado de diligenciar pela apresentação dos mesmos simultaneamente com o respetivo pedido.

2.2. Quem pode testemunhar

Às testemunhas arroladas pelo interessado no processo de justificação registal aplica-se o previsto no artigo 84.º do CN, por remissão do disposto no artigo 96.º do mesmo Código e por força do prescrito no n.º 2 do artigo 117.º-C do CRP[182].

Tal equivale a dizer que não são admitidas como testemunhas aqueles que não podem ser testemunhas instrumentárias, nem os parentes sucessíveis dos justificantes, nem o cônjuge de qualquer deles.

Os casos de incapacidade ou de inabilidade encontram-se previstos no artigo 68.º do CN, abrangendo, designadamente, os funcionários em exercício, o cônjuge, os parentes e afins, na linha reta ou em 2.º grau da linha colateral tanto do titulador (conservador ou notário) que intervier no ato, como de qualquer dos justificantes, representantes ou representados.

Compete ao conservador que decidir o processo de justificação verificar a idoneidade dos intervenientes acidentais e recusar a intervenção do abonador, intérprete, perito, tradutor, leitor ou qualquer testemunha que não considere com crédito bastante para o efeito, mesmo que não figure no elenco proibitivo do n.º 1 do citado artigo 68.º.

2.3. Prova documental

Não consta expressamente da lei registal a necessidade de apresentar certidão de teor da inscrição na matriz[183] ou documento comprovativo do pedido de inscrição, mas esta prova é indispensável posto que constitui um pressuposto do processo sempre que os direitos a justificar devam constar da matriz ainda que a mesma passe apenas pela apresentação de

[182] O Acórdão do TC n.º 96/2015, atrás referenciado, declarou inconstitucional com força obrigatória geral o artigo 97.º do CN, que prescreve:"Os outorgantes são advertidos que incorrem nas penas aplicáveis ao crime de falsas declarações perante oficial público se, dolosamente e em prejuízo de outrem, prestarem ou confirmarem declarações falsas, devendo a advertência constar da escritura».
Este assunto encontra-se já desenvolvido no Capítulo IV alusivo à justificação notarial.

[183] Vd. o disposto na alínea b) do n.º 1 do artigo 98.º do CN.

documento que comprove que a referida inscrição já se encontra pedida, enquadrando-se, por isso, na *facti species* da alínea c), n.º 1, do artigo 117.º-C.

Porém, a apresentação dos aludidos documentos pelo interessado pode (e deve) ser dispensada sempre que o serviço de registo possa obtê-los por acesso direto à base de dados da administração fiscal ou por solicitação oficiosa e gratuita do documento aos serviços fiscais, nos termos do disposto nos n.ºs 2 e 4 do artigo 31.º do CRP.

3. Momento da instauração do processo e trâmites subsequentes

3.1. A instauração do processo de justificação considera-se consumada no momento da apresentação do pedido, dos documentos e dos emolumentos devidos pelo processo no serviço de registo e da respetiva anotação[184] no diário, como flui do preceituado no n.º 1 do artigo 117.º-D do CRP.

Por conseguinte, o procedimento é instaurado no serviço de registo escolhido pelo interessado, iniciando-se com o pedido, no qual o justificante pede o «reconhecimento do direito em causa», não obstante a falta de documento (e precisamente com vista à obtenção do suprimento do mesmo), e conclui-se mediante a prolação de decisão do conservador.

3.2. A falta de pagamento do emolumento

3.2.1. Pelo processo de justificação, incluindo todos os atos de registo realizados em consequência do mesmo, é devido o emolumento previsto nos n.ºs 4.1, 4.3, ou 4.4, do artigo 21.º, do RERN[185].

[184] A anotação do pedido no diário é um ato do funcionário; a apresentação do pedido é feita pela pessoa que formula o pedido, perspetivado nos termos do disposto nos artigos 36.º a 38.º do CRP, ou por quem detiver poderes de representação expressos ou presumidos de harmonia com o prescrito no artigo 39.º do mesmo Código.
A simples entrega do pedido de registo (devidamente preenchido e assinado), que consiste num mero ato material, pode ser feita por qualquer pessoa, que é considerada *núncio* do interessado ou auxiliar do representante. Cfr., em consonância, Catarino Nunes, in Código de Registo Predial Anotado, 1967, pág. 312.

[185] Sobre o ponto, veja-se também o que prescrevem os artigos 25.º e 26.º do CIS, bem como o n.º 1.2. da TGIS.

A falta de pagamento de preparo constitui, porém, causa de rejeição da apresentação do pedido ao abrigo do prescrito no n.º 2 do citado artigo 117.º-D.

Na eventualidade de só após a anotação do pedido no diário se ter verificado a existência da causa de rejeição do pedido referida no n.º 2 do artigo 117.º-D, o serviço de registo, em cumprimento do prescrito no n.º 9 do artigo 151.º, notifica o interessado para, no prazo de dois dias, proceder à entrega das quantias em falta.

Se a falta de pagamento dos emolumentos devidos não for cabalmente suprida na sequência da diligência promovida pelos serviços de registo em cumprimento do disposto no n.º 9 do artigo 151.º (isto é, se o interessado, devidamente notificado pelos serviços de registo, não vier colmatar a falta do referido pagamento, no prazo de dois dias), deve ser recusada a apreciação do pedido, aplicando-se-lhe, com as devidas adaptações, o disposto no n.º 3 do artigo 66.º.

No caso de o interessado vir tempestivamente proceder ao pagamento em falta, então o pedido prossegue os seus termos normais.

3.2.2. Para efeitos do prescrito no referido n.º 3 do artigo 66.º, tanto a rejeição do pedido como a recusa da apreciação do pedido de justificação devem ser devidamente fundamentadas em despacho do conservador, dele se notificando o interessado para efeitos de impugnação judicial ou de recurso hierárquico, nos termos do disposto nos artigos 140.º e segs. do CRP, aplicando-se-lhe, com as necessárias adaptações, as disposições relativas à recusa.

4. Processo impugnatório

A impugnação da rejeição da apresentação ou da recusa da apreciação do pedido segue os trâmites plasmados nos artigos 140.º e segs. do CRP.

Nestes termos, após a notificação do despacho de rejeição da apresentação do pedido ou do despacho de recusa da apreciação do mesmo, efetuada nos termos do n.º 1 do artigo 71.º, o interessado, caso não se conforme com a decisão prolatada, tem 30 dias para interpor recurso hierárquico ou impugnação judicial contra a mesma, conforme lhe aprouver.

Se o ponto de vista do recorrente fizer vencimento procede-se à qualificação do pedido de registo se já anotado no Diário, ou procede-se à anotação do pedido de registo que tinha sido rejeitado para subsequente apreciação.

5. Averbamento oficioso de pendência da justificação

5.1. Discussão doutrinal

Imediatamente após a apresentação do pedido e da sua anotação no diário, com observância do prescrito nos artigos 60.º e 61.º do CRP, com as devidas adaptações, o serviço de registo procede oficiosamente ao averbamento de pendência da justificação, na parte relativa às inscrições, reportando-se à data daquela os efeitos dos registos que venham a ser efetuados na sequência da justificação, por força do prescrito no n.º 1 do artigo 117.º-E.

Este artigo, no que tange ao averbamento oficioso de pendência, tem sido objeto de diversas críticas em virtude de o processo de justificação não ser equiparável a um procedimento registável, sabendo-se que mesmo quando corria nos tribunais sempre pacificamente se entendeu que a respetiva ação não era registável.

Efetivamente, em comentários ao artigo 3.º do CRP, relativos ao registo da ação de justificação, Isabel Pereira Mendes salienta que «não faz sentido o registo (...) da ação de justificação (...) porque ela se destina precisamente à obtenção de um documento que possibilite o registo, e esse desiderato só se atinge com a sua procedência»[186].

No mesmo sentido, também, Mouteira Guerreiro[187] contrapondo este averbamento com o registo da referida ação e seus efeitos, enfatiza que «os efeitos da procedência do pedido consistem apenas no suprimento do documento em falta, não no do direito que tal documento comprovará. Também por isso nos parece que não devia haver lugar quer ao averbamento da pendência da justificação (...) quer ao "mecanismo" da alínea b) do n.º 2 do art.º 92.º».

Nós, porém, não perfilhamos desta opinião tendo especialmente em conta o texto legal.

[186] Veja-se também o Ac. do TRE de 25 de janeiro de 1996, in CJ/1996, Tomo I, pág. 278, de cujo sumário transcrevemos a I Conclusão: «Alegando-se na petição inicial factos integradores da usucapião, o autor está ainda desprovido de título que o legitime a requerer o registo da ação nem estão ainda apurados judicialmente os factos que podem servir de base à inscrição».

[187] In ob. cit., pág. 11.

5.1.1. Na verdade, apesar de o averbamento da pendência da justificação não equivaler ao registo do procedimento (que, efetivamente, não está sujeito a registo, não devendo, por isso, servir para comparações), tal averbamento, que decorre expressa e inequivocamente da lei, tem uma dupla virtualidade – por um lado, alerta potenciais interessados para o facto de se encontrar em curso um processo de justificação registal relativamente ao bem em causa e, por outro, viabiliza [188]o registo da decisão final proferida no aludido processo de justificação, cuja execução não pode nem deve ficar sujeita ou dependente da ocorrência, ou não, de posteriores vicissitudes que se podem revelar incontornáveis em face da dinâmica registal.

Nestes termos, entendemos ser de louvar a prudência aqui manifestada pelo legislador não só no que concerne ao aludido averbamento como também à qualificação dos registos subsequentes ao referido averbamento, que dependam, direta ou indiretamente, da decisão do processo de justificação, que devem ser efetuados como provisórios por natureza, ao abrigo do disposto na alínea b) do n.º 2 do artigo 92.º.

Imagine-se, por hipótese, que o justificante teve de percorrer todas as instâncias judiciais e quando, finalmente, após o trânsito em julgado de sentença ou do acórdão proferidos a seu favor, o processo é devolvido à conservatória para se dar cumprimento ao decidido o conservador se depara com um registo incompatível sobre o aludido prédio que de todo inviabiliza o registo definitivo pretendido pelo justificante, que teria sido perfeitamente acautelado com o simples averbamento de pendência da justificação.

A este propósito não podemos deixar de dar conta de um parecer do Conselho Técnico[189] proferido na sequência de um recurso hierárquico relativo a um registo titulado por escritura de justificação notarial, mas aqui aplicável, com as devidas adaptações.

Nele se salientou que a escritura de justificação notarial para estabelecimento do trato sucessivo ou para primeira inscrição (artigo 116.º, n.º 1) não constitui título suficiente para registo, quando, no momento do pedido, a situação tabular do prédio só consinta o reatamento do trato sucessivo ou o estabelecimento de um novo trato (artigo 116.º, n.ºs 2 e 3).

[188] Na mesma senda, veja-se, também, o que prescreve o Decreto-Lei n.º 51/2017, de 25 de maio, em especial no seu artigo 15.º.

[189] Constante do proc.º n.º R.P. 254/2008 SJC-CT.

Assim, *mutatis mutandis*, tendo no decurso do processo de justificação registal sido efetuado o registo de um facto incompatível com o registo do facto justificado, no momento da conclusão do processo tornava-se inviável a feitura do correspondente registo devido à interposição daquele outro registo definitivo, porque não se encontrava sinalizada a pendência do processo de justificação.

Cremos, pois, que o averbamento de pendência de justificação é não só necessário como imprescindível quer para acautelar direitos do próprio justificante quer para acautelar direitos de terceiros.

5.2. Abertura da descrição

No caso de o processo de justificação registal respeitar a prédio que demande a abertura de descrição, seja porque se encontra omisso nas tábuas seja porque demande desanexação de prédio descrito (a desanexação será, neste caso, efetuada por anotação, a converter em averbamento no caso de decisão definitiva que defira o processo de justificação respetivo), deve proceder-se à abertura da mesma que será inutilizada quando o averbamento de pendência for cancelado, na sequência de decisão que indefira o pedido ou declare findo o processo, como decorre do prescrito no n.º 5 do artigo 117.º-E.

5.3. Natureza dos registos subsequentes.

Em face do prescrito no n.º 4 do artigo 117.º-E, os registos de outros factos efetuados posteriormente ao aludido averbamento e que dependam, direta ou indiretamente, da decisão do processo de justificação em curso, estão sujeitos ao regime da provisoriedade consagrada na alínea b) do n.º 2 do artigo 92.º do CRP, sendo-lhes aplicável, com as necessárias adaptações, o disposto nos n.ºs 6 e 8 deste preceito.

5.4. Cancelamento do averbamento de pendência

O averbamento de pendência da justificação é cancelado oficiosamente mediante decisão que indefira o pedido de justificação ou declare findo o processo, logo que a decisão se torne definitiva.

No caso de haver recusa da apreciação do pedido, e decorrido que seja o prazo para a interposição de recurso hierárquico ou impugnação judicial sem que tal tenha ocorrido, a decisão do conservador torna-se definitiva e, consequentemente, o averbamento de pendência da justificação é, igualmente, cancelado oficiosamente, por aplicação do disposto no n.º 5 do artigo 117.º-E.

6. Indeferimento liminar e convite ao aperfeiçoamento do pedido

6.1. Após a feitura do averbamento de pendência de justificação, o conservador procede à análise do respetivo processo, apurando se pode ou não dar-lhe o normal seguimento ou se é de emitir, nesta fase, um de dois despachos possíveis: de indeferimento liminar ou de convite ao aperfeiçoamento do pedido.

6.1.1. Indeferimento liminar

Sempre que o pedido se revele manifestamente improcedente o conservador deve proferir despacho de indeferimento liminar, devidamente fundamentado, sendo disso notificado o interessado, por força do disposto no n.º 1 do artigo 117.º-F.

Como nota Lebre de Freitas[190], o pedido é manifestamente improcedente quando não há dúvidas, em face da narração dos factos feita pelo próprio autor, sobre a inocorrência dos factos constitutivos desse direito ou sobre a ocorrência de factos que o impedem ou extinguem. Porém, a simples interpretação ou aplicação de uma norma de direito que seja suscetível de ter mais do que um entendimento pela doutrina ou jurisprudência não deve levar nunca ao indeferimento liminar.

Sublinha-se, contudo, que o indeferimento liminar do pedido só pode ocorrer, para além das hipóteses previstas no artigo 186.º do CPC, aplicável *ex vi* do disposto no artigo 156.º do CRP, se o conservador concluir pela impossibilidade de aperfeiçoamento do pedido formulado.

6.1.2. Convite ao aperfeiçoamento do pedido

O convite ao aperfeiçoamento do pedido é feito mediante notificação do justificante para, no prazo de 10 dias a contar da data da notificação, fornecer os elementos de identificação do prédio em falta [alínea b) do n.º 1

[190] In «A Ação Declarativa Comum...», pág. 56.

do artigo 44.º do CRP] ou prestar declaração complementar sobre os elementos de identificação omitidos[191], ou para proceder à junção de documentos comprovativos dos factos alegados, que só por essa via possam ser provados e cuja verificação constitua pressuposto da procedência do pedido, nos termos previstos no n.º 2 do artigo 117.º-F.

Todavia, no caso de os serviços de registo terem possibilidade de suprir a falta dos documentos ou elementos em falta mediante acesso à base de dados das entidades competentes, naturalmente que não devem notificar o justificante para proceder ao aperfeiçoamento do pedido em causa.

Com efeito, em face do disposto no n.º 3 do artigo 117.º-F, o interessado não será convidado para efeitos de aperfeiçoamento do pedido se o serviço de registo puder obter os documentos em falta ou suprir a ausência de elementos por acesso à base de dados das entidades competentes ou qualquer outro meio idóneo, designadamente por mera comunicação com o justificante.

Caso seja de todo inviável o aperfeiçoamento ou decorrido que seja o prazo fixado ao interessado sem que este proceda às diligências conducentes ao aperfeiçoamento necessário, a pretensão do interessado é indeferida liminarmente, ao abrigo do disposto no n.º 2 do artigo 117.º-F.

Por conseguinte, do aludido convite deve resultar, com clareza, que o insucesso do aperfeiçoamento ou a inação conduzem, inexoravelmente, ao indeferimento liminar da pretensão formulada.

6.2. Insuscetibilidade de recurso

6.2.1. O convite ao aperfeiçoamento não é suscetível de recurso[192] - ou se acata dando cumprimento ao solicitado ou, simplesmente, o interessado fica inativo e aguarda a notificação do despacho de indeferimento, este sim impugnável.

No caso de ser proferido despacho no sentido de indeferimento liminar do pedido, o justificante pode, ou não, impugnar a decisão de indeferimento, ao abrigo e nos termos da conjugação do disposto nos artigos 117.º-F, n.º 4, e 117.º-I.

[191] Os elementos de identificação em falta podem respeitar ao próprio justificante - Neste sentido, veja-se Mónica Jardim, in A Evolução Histórica ..., pág. 53.

[192] No que respeita à regra da irrecorribilidade do despacho de convite ao aperfeiçoamento veja-se, também, o que prescreve o n.º 7 do artigo 590.º do CPC.

Se não recorrer em tempo, isto é, logo que a decisão de indeferimento ganhe foros de definitividade o averbamento de pendência de justificação é oficiosamente cancelado, ao abrigo do disposto no n.º 5 do artigo 117.º-E.

De igual modo se procederá, naturalmente, no caso de a impugnação ser julgada improcedente.

6.2.2. Apresentado recurso, duas são as situações que se podem equacionar – reparação ou sustentação da decisão prolatada.

Em face dos argumentos esgrimidos na impugnação o conservador tem a possibilidade de proceder à reparação da decisão de indeferimento liminarmente do pedido, mediante despacho fundamentado que conclua pelo prosseguimento do processo, notificando-se, em conformidade, o impugnante – n.º 5 do artigo 117.º-F.

Não sendo reparada a decisão, procede-se simultaneamente à notificação não só do impugnante (n.º 6 do artigo 117.º-F) como também dos demais interessados (estes nos termos previstos no artigo 117.º-G).

6.2.3. Sendo deduzida oposição ao pedido de justificação o processo é declarado findo e os interessados remetidos para os meios judiciais, procedendo-se também ao cancelamento oficioso do averbamento de pendência – artigos 117.º-F, n.º 7, 117.º-H, n.º 2, e 117.º-E, n.º 5.

Não havendo oposição, o processo é remetido ao tribunal para que seja decidida a impugnação em causa – n.º 8 do artigo 117.º-F.

7. Notificação dos interessados

7.1. Notificação do titular da última inscrição vigente ou dos seus herdeiros

Como flui do prescrito no n.º 2 do artigo 117.º-G, no caso de a justificação se destinar ao reatamento ou ao estabelecimento de novo trato sucessivo, o titular da última inscrição é notificado (dantes, no direito pregresso, previa-se a citação)[193], quando se verifique falta de título em que ele tenha tido intervenção.

[193] Este preceito, na redação conferida pelo Decreto-Lei n.º 273/2001, sob a epígrafe «Citação», prescrevia o seguinte: «1. Para os termos do processo são citados o Ministério Público,

É que o titular inscrito goza das presunções estabelecidas no artigo 7.º do CRP, segundo as quais o registo definitivo constitui presunção de que o direito existe e pertence ao titular inscrito, nos precisos termos em que o registo o define.

Por conseguinte, à luz dos princípios que regem o direito registal e o notarial, naturalmente, não pode celebrar-se uma escritura de justificação ou tomar-se uma decisão no processo de justificação tendente à realização de um registo ignorando-se a situação patenteada nas tábuas e à revelia do respetivo titular inscrito.

É, pois, neste âmbito que se coloca a necessidade de dar conhecimento da pretensão dos justificantes ao referido titular inscrito para que o mesmo reaja, se entender ser caso disso, mediante a dedução da impugnação devida, ou, na inversa, isto é, perante a sua inação consciente, se dê por cumprido o princípio do trato sucessivo.

Com efeito, a proteção tabular garante a quem possui o registo de aquisição ou de reconhecimento de direito suscetível de ser transmitido, ou de mera posse que, à sua revelia, não pode ser lavrada nova inscrição definitiva sobre o prédio em causa – n.º 4 do artigo 34.º do CRP.

Daqui decorre também a exigência contida no artigo 117.º-G do CRP e no artigo 99.º do CN, que determinam a prévia notificação do titular inscrito no caso de reatamento ou estabelecimento de novo trato sucessivo, como requisito essencial da decisão tomada no processo de justificação

na pessoa do seu agente junto do tribunal de 1.ª instância competente na área da circunscrição a que pertence a conservatória, e os interessados incertos.
2. Caso a justificação se destine ao reatamento ou estabelecimento do trato sucessivo, é igualmente citado o titular da última inscrição, quando se verifique falta de título em que tenha intervindo, procedendo-se a sua citação edital ou à dos seus herdeiros, independentemente de habilitação, quando, respetivamente, aquele titular esteja ausente ou em parte incerta ou tendo falecido.
3. A citação edital é feita pela simples afixação de editais, pelo prazo de 30 dias, na conservatória competente, na junta de freguesia da situação do prédio e, quando se justifique, na sede da junta de freguesia da última residência conhecida do falecido.
4. A defesa do titular inscrito ausente ou incapaz que, por si ou seus representantes, não tenha deduzido oposição, incumbe ao Ministério Público, que para tanto deve ser citado na pessoa do seu agente juinto do tribunal de 1.ª instância competente na área da circunscrição a que pertence a conservatória, correndo novamente o prazo para a oposição.
5. Se a citação pessoal não for possível em virtude de notória anomalia psíquica ou de outra incapacidade de facto do interessado, é o Ministério Público citado de imediato, aplicando-se o disposto no número anterior com as necessárias adaptações».

registal ou da admissibilidade de celebração da escritura de justificação notarial, cujo incumprimento determina a nulidade do título e a recusa do registo – cfr. o disposto nos artigos 294.º e 295.º do CC e no artigo 69.º, n.º 1, alínea b), do CRP[194].

A notificação, nos termos legais, é, pois, mais um dos pressupostos indispensáveis para que a justificação para reatamento ou estabelecimento do trato sucessivo se possa legalmente fazer.

Como se infere do que precede, *a contrario sensu*, sempre que a justificação tenha por finalidade a obtenção de uma primeira inscrição não se coloca, naturalmente, a questão da notificação de quaisquer interessados.

7.2. Afirmação do titular inscrito de que o bem lhe pertence

7.2.1. No caso de o titular inscrito afirmar a titularidade do direito em causa a celebração da escritura de justificação notarial deve ser recusada apesar de não existir qualquer disposição legal que proiba expressamente a sua elaboração.

Com efeito, cremos que o bom senso leva a que o notário tenha forçosamente de recusar a prática do ato de molde a evitar uma impugnação certa do facto justificado num futuro muito próximo.

7.2.2. No âmbito do processo de justificação registal a oposição determina, justamente, que o processo seja declarado findo e os interessados remetidos para os meios judiciais, ao abrigo do prescrito nos n.ºs 1 e 2 do artigo 117.º-H do CRP.

7.3. Termos das notificações

7.3.1. As notificações são feitas nos termos da lei processual civil o que equivale a dizer, concretamente, que se lhe aplicam as disposições comuns consagradas nos artigos 219.º e segs., bem como nos artigos 247.º e segs. todos do CPC.

A notificação será edital sempre que o titular inscrito esteja ausente em parte incerta.

[194] Sobre o ponto, vejam-se os pareceres proferidos nos proc.ºs n.ºs C.P.56/2002 DSJ-CT, in BRN n.º 10/2002, II Caderno, págs. 2 e segs, e R.P.254/2008 SJC-CT.

Proceder-se-á, de igual modo, isto é, à notificação edital dos seus herdeiros quando o titular inscrito já tenha falecido.

As notificações editais são feitas mediante a simples afixação de editais, pelo prazo de 30 dias, no serviço de registo da situação do prédio, e também, quando se justificar, na sede da junta de freguesia da última residência conhecida do ausente ou falecido.

Estas notificações são ainda publicadas em sítio na Internet, por força do disposto no n.º 7 do artigo 117.º-G e nos termos da Portaria n.º 621/2008, de 18 de julho.

7.3.2. No que concerne à publicação eletrónica das notificações editais veja-se, particularmente, o disposto nos artigos 7.º, alínea a), e 8.º, n.ºs 4 e 5, da Portaria n.º 621/2008[195], de 18 de Julho.

Da publicação das referidas notificações editais, feita no site www.predialonline.mj.pt, mantido pelo IRN, I.P., devem constar os seguintes elementos:

a) A identificação do justificante, nos termos da alínea a) do n.º 1 do artigo 93.º, do CRP, bem como a dos notificandos com os elementos disponíveis;
b) A indicação do serviço de registo onde corre o processo, bem como a identificação deste;
c) A identificação do prédio, por referência ao número da descrição, caso se encontre descrito, ou a indicação da freguesia e concelho, natureza, área e composição do prédio, bem como o artigo matricial, natureza e freguesia constante da matriz, se o prédio se encontrar omisso;
d) A pretensão do justificante, a data da publicação e o prazo para a dedução de oposição, indicando-se ainda a partir de que momento este prazo começa a contar.

7.4. Notificação do Ministério Público

Na versão inicial do artigo 117.º-G previa-se, para todas as hipóteses, a citação do Ministério Público junto do tribunal da circunscrição da área da conservatória (visto ser o guardião da legalidade e dos interesses do

195 Os artigos 2.º, 3.º, 4.º e 5.º desta portaria foram alterados pela Portaria n.º 283 /2013, de 30 de Agosto.

Estado, bem como dos interessados incertos), para além, naturalmente, dos titulares inscritos no caso de a justificação se destinar ao reatamento ou estabelecimento do trato sucessivo e se verificar falta de título em que estes tenham tido intervenção.

Atualmente, porém, apesar de aquela obrigatoriedade já não resultar expressamente da lei registal continua a defender-se a necessidade de notificar o Ministério Público pelo facto de lhe estar atribuído o papel de representante dos incapazes e ausentes em parte incerta, como decorre das regras gerais.

7.5. Consequências da falta ou da irregularidade da notificação

Como já se viu, constitui requisito indispensável do processo de justificação, bem como da escritura de justificação, encetado com vista ao reatamento ou estabelecimento de novo trato sucessivo, a notificação prévia do titular inscrito, ou dos seus herdeiros (independentemente de habilitação, no caso de falecimento), quando se verifique falta de título em que tenha intervindo o respetivo titular inscrito.

Tem-se por não efetuada a notificação que seguiu a via edital sendo conhecida a morada do notificando – último titular inscrito –, bem como nos casos em que a notificação é efetuada para a sua última morada, tendo o mesmo já falecido, visto que, *in casu*, devem ser notificados os seus herdeiros, independentemente de habilitação.

O registo do facto assim justificado deve ser recusado, mas se, não obstante o exposto, for lavrado o correspondente ato de registo o mesmo padecerá de nulidade por ter sido elaborado com base em título manifestamente insuficiente para a prova legal do facto (seja decisão proferida no processo de justificação registal seja escritura de justificação) – cfr. o disposto na alínea b) do n.º 1 do artigo 69.º do CRP[196]. Tal demandará, necessariamente, que se proceda ao cancelamento do mesmo.

Como se sabe, os registos que sejam nulos nos termos do disposto na alínea b) do artigo 16.º podem ser cancelados com o consentimento dos

[196] Neste sentido, e para mais desenvolvimentos da temática em causa, vejam-se os pareceres proferidos pelo Conselho Técnico nos proc.ºs n.ºs R.P.41/99 DSJ-CT, in BRN n.º 8/99, II Caderno, págs. 37 e segs., e R.P.129/2010 SJC-CT, disponível em www.irn.mj.pt (Doutrina).

interessados ou em execução de decisão tomada no processo de retificação previsto e regulado nos artigos 120.º e segs.

8. Entidade competente

8.1. Começando por analisar a questão atinente à entidade competente para os termos do processo de justificação registal instituído com a publicação do Decreto-Lei n.º 273/2001, de 13 de outubro, sublinhamos que a doutrina e a jurisprudência têm sido praticamente unânimes sobre o ponto – o aludido processo é da competência exclusiva do conservador.

8.1.1. Jurisprudência

A jurisprudência é unânime no sentido da competência exclusiva do conservador.

No Acórdão do STJ, de 11 de Julho de 2013, entre muitos outros[197], reafirmou-se o entendimento de que «Na ausência de subjacente litígio, com a entrada em vigor, em 01-01-2002, do DL n.º 273/2001, de 13-10, a competência, em razão da matéria, para o conhecimento das ações a que, anteriormente, correspondia o denominado «processo de justificação judicial», passou a radicar, originariamente, nos conservadores do registo predial, que dela ficarão privados, em caso de ulterior dedução de oposição pelos interessados (art. 117.º-H, n.º 2, do CRgP)».

Na mesma senda, o Conselheiro Pereira Rodrigues, fazendo a síntese de um Acórdão do Tribunal da Relação de Lisboa, de 7 de Abril de 2005, sublinha que «a definição de limites entre o procedimento judicial e a justificação relativa ao trato sucessivo, que corre nas Conservatórias do Registo Predial sob a égide dos respetivos conservadores, terá como fronteira a existência ou inexistência de litigiosidade»[198].

[197] Vejam-se, designadamente, os Acórdãos do STJ de 25 de novembro de 2004 e de 3 de março de 2005, bem como os Acórdãos do TRC de 18 de Janeiro de 2008, do TRL de 6 de Novembro de 2008, e do TRE de 16 de Dezembro de 2008.

[198] In «Usucapião ...», pág. 98.

8.1.2. Doutrina

Na doutrina também não se vislumbram divergências.

Como nota Menezes Leitão[199] «A usucapião deve ser invocada através de escritura de justificação notarial, ou decisão proferida pelo conservador no processo especial de justificação previsto nos artigos 116.º e ss. do CRP, sendo que, em caso de inexistência de litígio, não podem as partes sequer substituí-la por ação judicial. Esta fica, assim, reservada para as hipóteses de existir litígio em relação a essa situação [cfr. art. 3.º, n.º 1, a) CRP]».

Nestes termos, destinando-se o processo de justificação a suprir o documento em falta e não a dirimir um conflito, havendo oposição por parte dos notificados o processo é declarado findo e os interessados remetidos para os meios judiciais, por força do preceituado no n.º 2 do artigo 117.º-H[200].

8.1.2.1. A doutrina expressa pelo Conselho Técnico no parecer ínsito no proc.º n.º C.P.3/2006[201], entre outros, vai, também, no sentido de que o processo especial de justificação registal criado pelo Decreto-Lei n.º 273/2001, em substituição da ação judicial, é da exclusiva competência do conservador do registo predial.

No aludido parecer salienta-se que, com a entrada em vigor do citado Decreto-Lei no dia 1 de janeiro de 2002, foi efetivada a revogação do Decreto-Lei n.º 284/84, de 22 de agosto (diploma que regulava a ação de justificação judicial), e viabilizada a obtenção desjudicializada de uma decisão proferida pelo conservador, que, reconhecendo a existência de um direito de propriedade adquirido por usucapião, sirva de base à respetiva inscrição, com base num processo onde inexista litígio e que tenha, precisamente, por finalidade a obtenção de um título para registo.

[199] In Direitos Reais, 2012, 3.ª edição, pág. 224.

[200] *Vide*, neste sentido, Mónica Jardim, in A Evolução Histórica da Justificação ..., págs. 55 e 56.

[201] Esta pronúncia ocorreu na sequência de dúvidas suscitadas pelo Senhor Presidente do Conselho de Acompanhamento dos Julgados de Paz que, de certo modo, manifestava o entendimento de que, em face do disposto no artigo 9.º, n.º 1, alínea e), da Lei dos Julgados de Paz, estes Julgados de Paz teriam também competência para «apreciar e decidir a usucapião».

8.2. Prosseguimento do processo: instrução, decisão, publicação e registo

8.2.1. Instrução

Os interessados podem deduzir oposição nos dez dias subsequentes ao termo do prazo da notificação, demandando a referida oposição a declaração de que o processo findou e os interessados remetidos para os meios judiciais – n.º 2 do citado artigo 117.º-H.

No caso de não ser deduzida oposição, procede-se à inquirição das testemunhas apresentadas, sendo os depoimentos destas reduzidos a escrito por extrato, em cumprimento do disposto no n.º 3 do citado preceito.

Concluída a instrução, é proferida decisão, no prazo de dez dias, nela se especificando, se a modalidade o exigir, as sucessivas transmissões operadas, com referência às suas causas e à identidade dos respetivos sujeitos – n.º 4 do mesmo preceito.

8.2.2. Decisão do conservador

A decisão *final* deverá conter um **relatório**, preciso e conciso, dando conta do que foi pedido, das diligências efetuadas e da prova obtida, e a **parte decisória** propriamente dita, com a respetiva fundamentação de facto e de direito[202] – cfr. o disposto no artigo 607.º do CPC.

A referida decisão pode enfermar de vícios, designadamente, estar inquinada pela falsidade das declarações do justificante ou/e das testemunhas. Nesta eventualidade, o registo que vier a ser elaborado com base na decisão assim obtida pode ser impugnado nos mesmos termos em que o seria o registo efetuado com base em escritura de justificação notarial que enferme do mesmo vício.

[202] É por isso que entendemos que o processo de justificação registal deve ficar (apenas pode ficar) a cargo do conservador, exclusivamente, já que só este tem habilitação própria para apreciar e decidir, com segurança, as inúmeras e melindrosas questões jurídicas que o procedimento suscita. Tal é o que já acontece, aliás, em determinados processos previstos no Código do Registo Civil. Veja-se, em conformidade, o que preceitua o artigo 17.º do Decreto--Lei n.º 272/2001, de 13 de Outubro.

8.2.3. Publicações

8.2.3.1. A decisão, que é proferida no prazo de 10 dias após a conclusão da instrução, é notificada aos interessados no prazo de cinco dias.

A esta notificação acresce ainda a publicação eletrónica da referida decisão tomada no processo de justificação registal – veja-se a Portaria n.º 621/2008[203], de 18 de Julho, em especial, o disposto nos seus artigos 7.º, alínea b), 8.º, n.ºs 4 e 5, e 9.º.

A publicação da aludida decisão é feita no site www.predialonline.mj.pt, também mantido pelo IRN, I.P.

8.2.4. Decisão definitiva

Logo que a decisão se torne definitiva, os registos devidos são oficiosamente efetuados, em conformidade com o prescrito no n.º 6 do artigo 117.º-H.

Afigura-se-nos, porém, que o disposto nos n.ºs 6 e 7 do artigo 117.º-H demanda alguns esclarecimentos uma vez que a sua inserção sistemática aliada a uma leitura apressada, ligada excessivamente à letra da lei, podem induzir em erro.

Resultando do referido n.º 6 que «Tornando-se a decisão definitiva, são efetuados oficiosamente os consequentes registos» e do n.º 7 que «A decisão do processo de justificação é publicada, oficiosa e imediatamente, num sítio na Internet, em termos a definir por portaria do membro do Governo responsável pela área da justiça», poder-se-ia pensar que, primeiro, se elaboravam os registos e, depois, se procedia à notificação da decisão nos termos da Portaria n.º 621/2008, o que, na verdade, se nos afigura completamente inconcebível.

Pois bem, cremos que a publicação eletrónica da decisão[204] é imediata e precede, necessariamente, a elaboração dos registos, que só podem ser elaborados depois de a decisão se tornar definitiva.

[203] Os artigos 2.º, 3.º, 4.º e 5.º desta portaria foram alterados pela Portaria n.º 283/2013, de 30 de Agosto.

[204] Veja-se Vicente Monteiro, in Desjudicialização..., pág. 18, insurgindo-se contra o facto de no caso do processo de justificação registal a divulgação deste só ocorrer com a publicação eletrónica da decisão, enquanto que tratando-se de escritura pública é exigida uma ampla divulgação mediante publicação do extrato do conteúdo daquela num dos jornais mais lidos

O Ministério Público e quaisquer interessados dispõem de 30 dias para, querendo, impugnar a decisão (artigo 638.º, n.º 1, do CPC e artigo 117.º-I, n.ºs 1 e 2, do CRP).

Por conseguinte, só depois de a decisão se tornar definitiva, seja porque decorreu o prazo para impugnação sem que tal acontecesse seja porque já foi decidida favoravelmente a questão e a sentença ou o acórdão transitaram em julgado, é que são efetuados oficiosamente os correspondentes registos definitivos.

9. Impugnação judicial

9.1. Legitimidade

O Ministério Público e qualquer interessado podem recorrer da decisão do conservador para o tribunal de 1.ª instância competente na área da circunscrição a que pertence a conservatória onde pende o processo, no prazo de 30 dias, em face do preceituado no artigo 638.º[205] do CPC aplicável *ex vi* do disposto no n.º 2 do artigo 117.º-I do CRP.

9.2. Termos da impugnação

A impugnação, que se efetua por meio de requerimento onde são expostos os respetivos fundamentos, tem-se por interposta com a apresentação daquele no serviço de registo em que o processo se encontra pendente, sendo imediatamente anotada no diário[206], em cumprimento do prescrito nos n.ºs 3 e 4 do citado artigo 117.º-I.

no concelho da situação dos bens, ou, se aí não houver jornal, num dos mais lidos da região – artigo 100.º do CN.

[205] Considerando que do n.º 2 do artigo 117.º-I do CRP consta ainda o antigo artigo 685.º do CPC mas que hoje lhe corresponde o artigo 638.º do citado CPC deve fazer-se a atualização devida.

[206] No parecer proferido no proc.º n.º R.P.357/2003 DSJ-CT, in BRN n.º 10/2004, II Caderno, págs. 25 e segs., contesta-se o segmento da norma vertida no n.º 4 do aludido artigo 117.º-I que determina a anotação da apresentação da impugnação no diário.

9.3. Prazo para a remessa do processo à entidade competente

O processo, em face do disposto no n.º 4 do artigo 117.º-I, deve ser remetido à entidade *ad quem* no mesmo dia em que for recebido.

Esta norma, porém, demanda um breve esclarecimento no que respeita ao prazo para o envio do processo à entidade competente no próprio dia em que o mesmo é recebido. É que, na verdade, devendo o conservador reapreciar a decisão prolatada em face dos argumentos esgrimidos pelo impugnante e podendo até, em face da bondade desses argumentos, ser convencido a proceder à reparação da decisão em causa dificilmente tal desiderato será cumprível no próprio dia da receção.

De qualquer modo, se não proceder à aludida reparação, deve o processo ser remetido à entidade *ad quem* com a maior brevidade possível (embora, repete-se, por vezes, será extremamente difícil que a remessa ocorra no próprio dia em que o processo tenha sido recebido).

O prazo de dois dias que se encontra estabelecido no n.º 4 do artigo 131.º-C do CRP para remessa do respetivo processo nos casos de retificação já nos parece mais aceitável sendo, comprovadamente, exequível.

10. Decisão do recurso

Assim que o aludido processo seja recebido em tribunal, são notificados os interessados para, no prazo de dez dias, impugnarem os fundamentos do recurso, como decorre do prescrito no n.º 1 do artigo 117.º-J.

Não havendo lugar a qualquer notificação ou findo o aludido prazo, o processo vai com vista ao Ministério Público em cumprimento do preceituado no n.º 2 do supra citado artigo, sendo proferida sentença.

11. Recurso para o Tribunal da Relação

Da sentença proferida em 1.ª instância podem também, no prazo de 30 dias, interpor recurso para o Tribunal da Relação os interessados e o Ministério Público, em face do disposto nos n.ºs 1 e 2 do artigo 117.º-L.

Para além dos casos em que é sempre admissível recurso, do acórdão da Relação cabe, ainda, recurso para o Supremo Tribunal de Justiça nos casos consignados nas diversas alíneas do n.º 3 do artigo em apreço, como bem se compreenderá (cfr. os artigos 132.º-A, n.º 3, e 147.º, n.º 5).

12. Devolução do processo ao serviço de registo

Após o trânsito em julgado da sentença ou do acórdão proferidos, o tribunal devolve o processo ao serviço de registo, em cumprimento do disposto no artigo 117.º-M.

Sendo o recurso julgado procedente os correspondentes registos são imediatamente efetuados em conformidade.

13. Breve síntese da tramitação do processo especial de justificação registal

a) Apresentação do pedido de justificação registal num serviço de registo (n.º 1 do artigo 117.º-D): rejeição do pedido (n.º 2 do citado artigo) ou apresentação do pedido no diário; posterior recusa de apreciação do pedido (n.º 4 do mesmo artigo); admissibilidade de impugnação da rejeição do pedido ou da recusa de apreciação do pedido (artigos 66.º, n.ºs 3 e 4, e 140.º e segs.);
b) Anotação do pedido no diário (n.º 1 do artigo 117.º-D) e averbamento da pendência da justificação (n.º 1 do artigo 117.º-E);
c) Indeferimento liminar ou convite ao aperfeiçoamento do pedido (artigo 117.º-F); decisão de indeferimento; possibilidade de impugnação desta decisão de indeferimento; havendo reparação ordena-se o prosseguimento dos autos (n.º 5 do citado preceito); não havendo reparação da decisão, são efetuadas as notificações ao impugnante (n.º 6 do mesmo artigo) e também aos interessados, sendo o caso;
d) Após a notificação do titular inscrito, havendo oposição tempestiva, arquivamento do processo, remetendo-se os interessados para os meios judiciais (n.º 2 do artigo 117.º-H);
e) Sem oposição ou sem que haja lugar a notificação de interessados – prosseguimento dos autos com a produção da prova (n.º 3 do artigo 117.º-H), sendo os depoimentos reduzidos a escrito;
f) Prolação da decisão no prazo de dez dias, publicação eletrónica imediata e oficiosa num sítio na Internet, e notificação da mesma ao interessado no prazo de cinco dias – n.ºs 5 e 7 do artigo 117.º-H;
g) Tornando-se a decisão definitiva – elaboração oficiosa dos consequentes registos (n.º 6 do artigo 117.º-H).

Ou

h) Sendo a decisão impugnada ao abrigo do n.º 1 do artigo 117.º-I – anotação da interposição da impugnação no diário e remessa à entidade *ad quem* (n.º 4 do citado preceito);
i) Recebido o processo – notificação dos interessados, se for caso disso, para impugnarem os fundamentos do recurso; vista ao Ministério Público (artigo 117.º-J);
j) Decisão do tribunal de 1.ª instância
   a) sem recurso: logo após o trânsito em julgado, baixa do processo ao serviço recorrido para elaboração dos registos devidos (artigo 117.º-M), se procedente;
   b) com recurso para a Relação: a interpor no prazo de 30 dias – decisão da Relação e, após o trânsito em julgado, devolução do processo ao serviço de registo para elaboração dos registos em causa, se procedente.

Para além dos casos em que é sempre admissível recurso, do acórdão da Relação cabe, ainda, recurso para o Supremo Tribunal de Justiça nos casos contemplados nas diversas alíneas do n.º 3 do artigo 117.º-L do CRP.

Secção V
Nova justificação

1. Possibilidade de deduzir nova justificação

No caso de a justificação vir a ser julgada improcedente por falta de provas, o justificante pode deduzir nova justificação em face do que se encontra preceituado no artigo 117.º-N, já que, *in casu*, a decisão não forma caso julgado.

Com efeito, tratando-se de um processo que se poderá considerar de jurisdição voluntária[207], visto que se trata de um procedimento em que a entidade competente para decidir não dirime um conflito ou um litígio, mas antes intervém como um gestor de interesses, a correspondente decisão não forma caso julgado. Se a situação jurídica subjacente suscitar dúvidas ou for controvertida não pode, neste âmbito, haver lugar à justificação do direito, como já salientámos.

Consequentemente, e em suma, se o interessado não conseguir provar cabalmente o seu direito poderá instaurar novo procedimento, como flui do artigo ora em apreço. Tal possibilidade, parece-nos, só vem confirmar o que atrás dissemos relativamente à natureza meramente instrumental do procedimento destinado ao suprimento da falta de documentos e não à falta de definição de um *direito*.

2. Incompatibilidades

2.1. Estatuto da Ordem dos Advogados

Decorre do artigo 117.º-O do CRP que o conservador que exerça advocacia não pode aceitar patrocínio nos processos previstos no presente capítulo.

[207] Em sentido contrário, Isabel Pereira Mendes, in O princípio registal do trato sucessivo – Meios de suprimento de título ..., pág. 16, salienta que «O processo regulado pelo Código de Registo Predial é um mero processo administrativo, não podendo a decisão proferido no âmbito deste processo equiparar-se a uma decisão judicial».
Mas mesmo os que entendem que não se pode considerar um processo de jurisdição voluntária têm, então, de conceder, forçosamente, que não se pode considerar também um mero «processo administrativo», porque, além de tudo o mais, os recursos correm sempre nos tribunais cíveis, não nos administrativos.
Ora parece-nos que tal configura mais um obstáculo à qualificação do processo como meramente administrativo. – Vd. Mouteira Guerreiro, Notas..., pág. 13.

Afigura-se-nos, porém, que o referido preceito não faz hoje grande sentido tendo em conta que o exercício da advocacia é incompatível com o exercício do cargo de conservador, por força do disposto na alínea g) do n.º 1 do artigo 82.º do Estatuto da Ordem dos Advogados, aprovado pela Lei n.º 145/2015, de 9 de Setembro.

2.2. Direito pregresso

Já no domínio de legislação anterior, em face do que se encontrava plasmado na alínea g) do n.º 1 do artigo 69.º do Decreto-Lei n.º 84/84, de 16 de Março, a possibilidade de exercício da advocacia por parte dos conservadores se encontrava extremamente limitada.

Com efeito, apenas nas comarcas onde não houvesse advogados inscritos na respetiva Ordem seria possível os conservadores obterem autorização do conselho geral, a título excecional, para exercer a referida atividade.

3. Direito subsidiário aplicável

O artigo 117.º-P do CRP, na redação anterior à sua revogação operada pelo artigo 8.º do Decreto-Lei n.º 125/2013, de 30 de Agosto, era do seguinte teor: «O Código de Processo Civil é aplicável, subsidiariamente e com as devidas adaptações, ao processo de justificação previsto neste capítulo».

Salienta-se, no entanto, que, ao contrário do que imediatamente se poderia supor, a revogação expressa do preceito em análise não significa que a aplicabilidade das normas do processo civil esteja afastada mas tão só que a mesma decorre agora do artigo 156.º do CRP (introduzido simultaneamente com aquela revogação) que prescreve que «Salvo disposição expressa em contrário, aos atos, processos e respetivos prazos previstos no presente código é aplicável, subsidiariamente e com as necessárias adaptações, o disposto no Código de Processo Civil».

Nestes termos, a aplicabilidade, subsidiária e com as necessárias adaptações, das normas do Código de Processo Civil mantém-se.

Secção VI
Outros casos de justificação

1. Disposições legais aplicáveis – Exclusividade do modo de titulação

Para além dos casos de justificação já apontados, outros existem que demandam a aplicação das disposições legais relativas à justificação para primeira inscrição, com as necessárias adaptações. Dizem respeito, designadamente, ao cancelamento pedido pelo titular inscrito do registo de quaisquer ónus ou encargos quando não seja possível obter o documento comprovativo da extinção daqueles – é o que resulta da análise do artigo 118.º[208].

1.1. Por força do disposto no n.º 2 do citado artigo 118.º a tramitação do processo de justificação registal supra descrito aplica-se, igualmente, ao registo da mera posse (do qual decorre o encurtamento do prazo da usucapião), quando não for possível obter o documento devido pelas vias normais[209].

O sentido da exclusividade deste modo de titulação, encontra-se também patenteado no n.º 2 do artigo 1295.º do CC (na redação conferida pelo Decreto-Lei n.º 273/2001), segundo o qual a mera posse só pode ser registada em vista de decisão final proferida em processo de justificação, nos termos da lei registal, na qual se reconheça que o possuidor tem possuído pacífica e publicamente por tempo não inferior a cinco anos.

1.2. No que concerne ao processo de justificação para a inscrição de direitos sobre prédios abrangidos pelo emparcelamento bem como sobre o processo de justificação administrativa para inscrição de direitos sobre imóveis a favor do Estado referidos no n.º 3 do artigo 118.º vejam-se, respetivamente,

[208] Redação anterior deste preceito: «As disposições relativas à ação de justificação judicial para primiera inscrição são aplicáveis, com as necessárias adaptações:
Ao registo da mera posse;
Ao cancelamento, pedido pelo titular inscrito, do registo de quaisquer ónus ou encargos, quando não seja possível obter documento comprovativo da respetiva extinção».

[209] Como é sabido, a mera posse figura no elenco dos factos submetidos a registo [e, curiosamente, nos factos obrigatórios – artigo 8.º-A, n.º 1, alínea a)], por força do disposto na alínea e) do n.º 1 do artigo 2.º do CRP.
No que concerne, designadamente, aos efeitos do registo da mera posse e ao requisito especial a inserir no extrato da respetiva inscrição, veja-se o parecer proferido pelo Conselho no proc.º n.º R.P.303/2004 DSJ-CT.

os Decretos-Leis n.ºs 130/90, de 22 de Março, e 280/2007, de 7 de agosto, bem como o que atrás deixámos dito sobre as matérias que eles regem.

2. Suprimento em caso de arresto, penhora ou declaração de insolvência

2.1. Artigo 119.º do CRP

Antes de finalizarmos esta temática não podemos deixar de sublinhar que também o artigo 119.º do CRP contempla o suprimento da intervenção do requerido, do executado ou do insolvente no caso de o arresto, a penhora ou a declaração de insolvência terem sido objeto de registos efetuados provisoriamente por natureza, por existir sobre os bens registo de aquisição ou reconhecimento do direito de propriedade ou de mera posse a favor de pessoa diversa do executado, do insolvente ou do requerido, mediante a citação do titular inscrito para declarar, no prazo de dez dias, se o prédio ou o direito lhe pertence.

2.2. Provisoriedade das inscrições

Como flui do prescrito na alínea a) do n.º 2 do artigo 92.º, são lavradas como provisórias por natureza as inscrições de penhora, de declaração de insolvência e de arresto, se existir sobre os bens registo de aquisição ou reconhecimento do direito de propriedade ou de mera posse a favor de pessoa diversa do executado, do insolvente ou do requerido.

Estas inscrições mantêm-se em vigor pelo prazo de um ano, salvo o disposto no n.º 5 do artigo 119.º, e caducam se a ação declarativa não for proposta e registada no prazo de 30 dias a contar da notificação da declaração prevista no n.º 4 do mesmo artigo.

2.3. Intervenção do titular inscrito

Decorre do disposto no n.º 4 do artigo 34.º que, no caso de existir sobre os bens registo de aquisição ou reconhecimento do direito suscetível de ser transmitido ou de mera posse, é necessária a intervenção do respetivo titular inscrito para poder ser lavrada nova inscrição definitiva, salvo se o facto for consequência de outro anteriormente inscrito.

Quer isto dizer que por força do princípio do trato sucessivo consagrado no aludido artigo, o direito do adquirente deve ter por base o do transmitente. Daí que o registo de facto em que não intervenha o titular inscrito só com o caráter de provisório[210] (por dúvidas, que corresponde à regra, ou por natureza, para os casos de exceção) pode ingressar no registo, sob pena de nulidade da correspondente inscrição – vd. os artigos 34.º, n.º 4, 68.º, 70.º, 119.º e 16.º, alínea e).

Para os casos respeitantes a registos de arresto, de penhora e de declaração de insolvência (únicos que aqui nos importa considerar), encontrando-se os bens inscritos a favor de pessoa diversa do requerido, executado ou insolvente, o legislador concebeu um regime legal distinto determinando a qualificação dos mesmos como provisórios por natureza, ao abrigo do prescrito na alínea a) do n.º 2 do artigo 92.º, e oferecendo, simultaneamente, um mecanismo simplificado de suprimento da falta de trato sucessivo que não demanda a feitura do registo em falta em nome do requerido, executado ou insolvente traduzindo-se antes na intervenção do titular inscrito, suscitada mediante a sua citação, para, no prazo de dez dias, vir dizer ao respetivo processo se o bem ainda lhe pertence.

2.4. Natureza da declaração emitida pelo titular inscrito

2.4.1. O titular inscrito é, pela via descrita, chamado a emitir uma declaração de ciência, respeitante a uma realidade exterior (que se revelará, nalguns casos, divergente da que se encontra projetada no registo), tendo por objeto a existência de factos eventualmente ocorridos e não a existência de um direito[211].

Vindo o titular inscrito a pronunciar-se no sentido de que o bem não lhe pertence ou não proferindo declaração alguma, tal facto é comunicado pelo tribunal ou pelo agente de execução ao serviço de registo para que este proceda à conversão oficiosa do registo em causa – n.º 3 do artigo 119.º.

No caso de o titular inscrito se encontrar ausente ou ter falecido deve fazer-se a citação deste ou dos seus herdeiros, independentemente de habi-

[210] Por regra, corresponder-lhe-á uma provisoriedade por dúvidas, posto que a provisoriedade por natureza reveste caráter excecional e tem de estar expressamente contemplada na lei.

[211] Vd., em conformidade, Mónica Jardim, in Cadernos de Direito Privado n.º 9, 2005, págs. 33 e segs.

litação, mediante a afixação de editais, pelo prazo de 30 dias, na sede da junta de freguesia da área da situação dos prédios – n.º 2 do citado preceito.

2.4.2. Declaração desconforme com a realidade

Caso o titular inscrito profira declaração que não corresponda à verdade – por hipótese, o bem já não lhe pertence e ele declara que pertence – não passa por esse facto a pertencer-lhe.

É ao credor que compete, na ação própria prevista no n.º 4 do artigo 119.º, demonstrar a verdade substantiva, ilidindo a presunção derivada do registo, e obter título que lhe permita atingir o escopo visado.

2.4.3. Comunicação do tribunal para efeitos de conversão do registo

Tanto no caso de o titular inscrito (ou os seus herdeiros) se pronunciar de modo expresso no sentido de que os bens não lhe pertencem como no caso de não fazerem qualquer declaração (equiparação do silêncio à declaração negativa), o tribunal ou o agente de execução comunica o facto ao serviço de registo para que esta proceda à conversão oficiosa do registo em definitivo – n.º 3 do artigo 119.º –, ficcionando-se, sem mais, que o bem pertence ao executado, requerido ou insolvente, embora não se requeira (nem se pode, naturalmente) o correspondente registo de aquisição a seu favor.

A este propósito, realça-se, ainda, que na citação enviada ao titular inscrito não se indaga sequer se o bem foi transmitido para aquele que agora figura como sujeito passivo no registo de arresto, penhora ou declaração de insolvência (o que também não era suficiente para provar a titularidade, como é evidente), apenas se mostrando relevante para este efeito que o bem já não pertença ao titular inscrito, apesar do que se encontra publicitado no registo.

2.5. Do exposto decorre, assim, que o caso descrito se enquadra também, naturalmente, nos meios especiais de suprimento embora este ocorra via judicial, sendo oficiosamente desencadeado no tribunal perante a verificação de registo provisório de arresto, penhora ou declaração de insolvência em virtude de o bem em causa estar inscrito em nome de pessoa diversa do requerido, executado ou insolvente, e que, num primeiro momento, consiste, muito sumariamente, na citação do titular inscrito ou dos seus herdeiros, sendo caso disso.

Esta solução legal procura, pois, um rápido mas justo equilíbrio entre o interesse do exequente, arrestante ou credores na recuperação rápida do seu crédito e a proteção que o princípio do trato sucessivo e as presunções derivadas do registo definitivo plasmadas no artigo 7.º conferem ao titular inscrito.

Os primeiros podem, por esta via, ser dispensados de obter a atualização do registo de aquisição como via para atingir a conversão do seu registo em definitivo, evitando, tanto quanto possível, a paralisação da ação, bastando para tal a inércia (o silêncio) do citado ou uma sua declaração negativa, isto é, no sentido de que o bem não lhe pertence.

Por seu turno, o segundo – o titular do bem –, tem à sua disposição um meio de defesa célere e expedito capaz de obstar ao prosseguimento dessa mesma ação, mediante uma simples declaração, positiva, de que o bem em causa lhe pertence.

Consequentemente, se o citado vier declarar que o bem lhe pertence, o juiz remete, sem mais, os interessados para os meios processuais comuns, sendo aquele facto, bem como a data da notificação da declaração, igualmente comunicado ao serviço de registo para efeitos de anotação no correspondente registo, nos termos do disposto no n.º 4 do artigo 119.º.

2.6. Meios processuais comuns

A expressão «os meios processuais comuns» referida no aludido n.º 4 do artigo 119.º equivale a dizer «para ação em que seja dirimida a questão da titularidade entre as partes»[212].

O registo da ação declarativa efetuado na vigência do registo provisório é anotado neste tendo a virtualidade de prorrogar o respetivo prazo de vigência[213] até que seja cancelado o registo da referida ação – n.º 5 do artigo 119.º.

[212] A ação de impugnação pauliana não cumpre esta função, não correspondendo à ação prevista nos n.ºs 4, 5 e 6 do artigo 119.º do CRP – vd. Acórdão do STJ de 28 de outubro de 1999, publicada na CJ/STJ, 1999, Tomo III, pág. 64.

[213] Para mais desenvolvimentos sobre a ação em causa e a prorrogação do prazo pode ver-se, *inter alia*, o parecer proferido nos proc.ºs n.ºs R.P.78 e 79/98 DSJ-CT, in BRN n.º 11/98.

No caso de a ação ser julgada procedente, deve o interessado pedir a conversão do registo no prazo de dez dias a contar da data do trânsito em julgado da correspondente decisão judicial – n.º 6 do mesmo artigo.

3. Regime excecional

Infere-se do exposto que o regime excecional fixado no artigo 119.º foi gizado para a provisoriedade por natureza prevista na alínea a) do n.º 2 do artigo 92.º e não para qualquer uma das demais provisoriedades por natureza constante do referido n.º 2, designadamente a alínea b), uma vez que aquela alínea a) pressupõe sempre uma inscrição prévia definitiva a favor de pessoa diversa do executado, requerido ou insolvente[214].

O que o legislador pretende com o mecanismo prescrito no referido artigo 119.º é, tão só, apurar se o bem em causa ainda pertence ao titular inscrito ou se este já o transmitiu a outrem que não diligenciou tempestivamente pela obtenção do registo do facto aquisitivo a seu favor.

[214] Veja-se, nesta conformidade, o parecer proferido no proc.º n.º R.P.13/2012 SJC-CT tendo, porém, em consideração as suas especificidades próprias.

Capítulo XVII
Finalidade do registo, princípios, atos de registo e seus efeitos. Prova documental e meios de titulação

Secção I
Finalidade e princípios enformadores do registo predial

1. Finalidade do registo predial

Como claramente resulta do prescrito no artigo 1.º do CRP, o registo predial destina-se essencialmente a dar publicidade à situação jurídica dos prédios, tendo em vista a segurança do comércio jurídico imobiliário.

Da referida norma decorrem, portanto, duas ideias que merecem aqui especial realce: a da publicidade registal e a da segurança do comércio jurídico[215].

Destas interessa-nos particularmente destacar a publicidade registal, instituída ou imposta pelo Estado, através dos seus serviços especializados de registo, que deve merecer a confiança de todos os que operam no mundo dos negócios jurídicos. Nisto consistirá a fé pública registal[216], à

[215] Sobre o ponto, e para mais desenvolvimentos, veja-se Isabel Ferreira Quelhas Geraldes, in A Impugnação das Decisões do Conservador nos Registos, Almedina, 2002, págs. 16 e 156 e segs., bem como no Código do Registo Comercial Anotado e Comentado, Almedina, 2016, págs. 37, 38 e 344.

[216] Segundo o princípio da fé pública registal o conteúdo do Registos é íntegro e exato, ainda que os assentos não se encontrem conformes à realidade jurídica extra registal - vd. Mónica

qual está intrinsecamente associada a atribuição do valor presuntivo do registo definitivo expressamente consagrado no artigo 7.º do CRP, como adiante se desenvolverá.

Sublinha-se, contudo, que as presunções derivadas do registo – que tem de ser elaborado em termos definitivos - não são extensíveis à descrição predial[217] (seja globalmente considerada seja reportada a qualquer um dos elementos que individualmente a compõem), respeitando aquelas apenas à inscrição registal.

Com efeito, como facilmente se depreende da análise conjugada do disposto nos artigos 7.º, 70.º e 92.º do CRP, a situação de provisoriedade e a de definitividade dos registos apenas se coloca em relação às inscrições e a alguns dos seus averbamentos especiais – artigo 101.º, n.º 3, do CRP.

Acresce, por outro lado, que as descrições não caducam nem são suscetíveis de cancelamento, podendo, contudo, ser inutilizadas verificadas que sejam determinadas circunstâncias previstas na lei – cfr. o que dispõem os artigos 86.º, n.º 2, e 87.º do CRP.

2. Princípios enformadores do registo

Para se atingir a proclamada finalidade do registo, que, como vimos já, mereceu consagração expressa logo no artigo 1.º do CRP, a instituição do registo predial rege-se por determinados princípios, designadamente, da prioridade (artigo 6.º), da obrigatoriedade do registo (artigo 8.º-A), da legitimação de direitos sobre imóveis (artigo 9.º), do trato sucessivo (artigo 34.º) da instância (artigo 41.º) e da legalidade (artigo 68.º)[218].

Jardim, in Efeitos Substantivos do Registo – Terceiros para Efeitos de Registo, 2013, pág. 142. A fé pública registal demanda, porém, que o registo esteja em conformidade com a situação jurídica substantiva do imóvel, razão pela qual a realidade substantiva e a realidade registal devem, em termos ideais, ser coincidentes.

[217] Neste sentido podem ver-se os acórdãos do STJ de 5 de julho de 2001, de 14 de outubro de 2003, e de 15 de dezembro de 2005.

[218] Estes princípios encontram-se desenvolvidos, por Oliveira Ascensão, in Direito Civil – Reais, págs. 337 e segs., José Alberto Vieira, in Direitos Reais, 2008, págs. 275 e segs., Menezes Leitão in Direitos Reais, 2012, págs. 255 e segs., e Mouteira Guerreiro, in Noções de Direito Registral, págs. 23 e segs., entre outros.

Secção II
Prova documental e meios de titulação

1. Prova documental

1.1. Para que os factos jurídicos possam ser submetidos a registo têm de constar de documentos escritos que legalmente os comprovem, por força do disposto no n.º 1 do artigo 43.º do CRP[219].

A grande maioria dos factos com eficácia real sobre imóveis encontra-se submetida a uma exigência legal de forma escrita – seja escritura pública, documento particular autenticado (criado com a publicação do Decreto-Lei n.º 116/2008, de 14 de julho)[220], seja qualquer outro documento previsto na lei.

1.2. Afigura-se-nos oportuno sublinhar, neste preciso momento, que nem todos os factos com eficácia real sobre imóveis têm a sua validade ou eficácia dependente da observância de forma escrita. Entre estes figura, designada-

[219] Relativamente à questão da prova documental vejam-se os pareceres ínsitos nos proc.ºs n.ºs R.Co.5/2010SJC-CT e R.Co.28/2011 SJC-CT, supra citados.

[220] O documento particular autenticado só pode ser considerado como tal quando for percorrida, com sucesso, a seguinte trilogia de atos: outorga do documento particular pelas partes (ou parte, porque pode respeitar a negócio jurídico unilateral), devidamente assinado; termo de autenticação do documento particular exarado pela entidade competente e depósito eletrónico do documento autenticado, dentro do prazo legal.
Sobre o ponto, e para mais desenvolvimentos, veja-se a doutrina firmada no parecer do CT proferido no proc. n.º C.P. 127/2009 SJC-CT, do qual, por ilustrativas, se transcrevem as seguintes conclusões: «I- O documento particular autenticado referido no n.º 1 do artigo 24.º do Decreto-Lei n.º 116/2008, de 4 de Julho, poderá ser caraterizado como o documento escrito, outorgado e assinado pelas partes (ou parte, tratando-se de negócio jurídico unilateral), que confirmem o conteúdo do mesmo perante entidade autenticadora competente e que seja depositado eletronicamente dentro do prazo legal.
II- Os documentos particulares que titulem os atos sujeitos a registo predial elencados no artigo 22.º do Decreto-Lei n.º 116/2008 devem conter os requisitos legais a que estão sujeitos os negócios sobre imóveis, aplicando-se-lhe, subsidiariamente, o Código do Notariado por força do prescrito no n.º 1 do artigo 24.º do citado Decreto-Lei.
III- A validade da autenticação dos referidos documentos particulares está dependente do seu depósito eletrónico, bem como de todos os documentos que os instruam e que devam ser arquivados por não constarem de arquivo público, efetuado dentro do prazo legal – cfr. o disposto nos artigos 24.º, n.º 2, do Decreto-Lei n.º 116/2008 e nos artigos 4.º, n.º 1, e 7.º da Portaria n.º 1535/2008, de 30 de Dezembro».

mente, a usucapião que está sujeita à verificação de determinados requisitos legais, mas de cujo elenco não faz parte a exigência de forma escrita[221].

Consabidamente, a usucapião pressupõe a verificação cumulativa de três requisitos: uma posse pública e pacífica, o decurso do prazo legal estabelecido para o efeito (consoante os casos), e a sua invocação pelo possuidor. Verificados os dois primeiros requisitos, o possuidor tem um direito potestativo à usucapião, que pode exercer (ou não) mediante declaração de aquisição do direito a que a sua posse se reporta[222].

Decorrentemente, a eficácia da usucapião depende, pois, da sua invocação pelo beneficiário dela (o possuidor, em regra) não ocorrendo automaticamente com o mero decurso do prazo da posse.

A lei permite que aquela declaração seja judicial ou extrajudicial – artigos 1292.º e 303.º do CC – não obedecendo a uma forma legalmente especificada, o que equivale a dizer que pode seguir qualquer uma, valendo, pois, a regra de liberdade de forma (artigo 219.º do CC)[223].

No entanto, uma coisa é a forma da declaração para desencadear a eficácia aquisitiva, outra, bem diversa, é a exigência que brota da regra plasmada no n.º 1 do artigo 43.º do CRP e que força o usucapiente que pretenda promover o registo daquele facto a diligenciar pela obtenção de um título escrito para apresentar nos serviços de registo.

Por conseguinte, e como é bom de ver, a titulação escrita destes factos jurídicos prende-se exclusivamente com a função de viabilizar o seu registo – a forma escrita tem, *in casu*, um valor meramente *ad registandi*.

2. Meios de titulação

2.1. No âmbito da matéria que ora nos ocupa a ordem jurídica portuguesa colocou, para efeitos de titulação, diversos meios à disposição dos interessados, dos quais destacamos aqui apenas os atinentes à justificação.

[221] Veja-se José Alberto Vieira, in Direitos Reais, 2008, pág. 423.

[222] As restantes caraterísticas da posse (boa ou má fé, titulada ou não titulada) apenas influem no prazo para usucapir.

[223] Vd., adrede, José Alberto Vieira, in Cadernos de Direito Privado n.º 24/2008, pág. 38, bem como Mónica Jardim, in A Evolução Histórica da Justificação ..., pág. 39.

Temos assim: a escritura de justificação notarial[224] (artigo 116.º, n.º 1, do CRP e artigos 89.º e segs. do CN), o processo de justificação registal[225] previsto também no aludido artigo 116.º (que culmina com a decisão do conservador – artigo 117.º-H, n.º 6, do CRP) e ainda, havendo litigiosidade, o incontornável procedimento judicial[226].

2.2. Formulado o pedido de registo (artigo 41.º), devidamente instruído com base na certidão da escritura de justificação notarial, ou outro documento que se mostre pertinente (artigo 43.º, n.º 1), subscrito por pessoa com legitimidade (artigos 36.º e segs.), e anotado no diário (artigos 60.º e segs.) é o mesmo qualificado e efetuado no prazo de dez dias e pela ordem de anotação do diário, salvo nos casos de urgência (artigos 68.º e 75.º).

Merecendo o pedido qualificação positiva, isto é, se, observado que seja o princípio da legalidade, o conservador decidir pelo ingresso do facto jurídico nas tábuas, em termos definitivos, dele decorre o efeito presuntivo previsto no aludido artigo 7.º, segundo o qual quem tem a seu favor a presunção registal escusa de provar o facto respetivo.

Ora, este efeito verifica-se quer o registo do facto seja lavrado com base na certidão de escritura de justificação notarial quer seja na sequência de decisão final do conservador tomada no respetivo processo de justificação registal, ou outros[227], isto é, o titular inscrito fica a beneficiar das presunções derivadas do registo consagradas no artigo 7.º do CRP, nos mesmos termos em que o ficaria se lavrado definitivamente com base noutro suporte documental com aptidão bastante (*in abstracto*) para comprovar o facto jurídico em causa.

Por conseguinte, repetimos, o registo definitivo constitui presunção de que o direito existe e pertence ao titular inscrito, nos precisos termos em que o registo o define, **sem contemplar quaisquer exceções,** por força do prescrito no aludido artigo 7.º do CRP.

[224] Matéria desenvolvida no Capítulo II e seguintes, desta obra.

[225] Os trâmites do processo de justificação registal encontram-se tratados no Capítulo XVI.

[226] Veja-se, novamente, Pereira Rodrigues, in Usucapião..., pág. 98.

[227] A este propósito veja-se, também, o que preceituam os Decretos-Leis n.ºs 103/90, de 22 de Março, e 280/2007, de 7 de agosto, respeitantes às operações de emparcelamento e à justificação administrativa dos bens do domínio privado do Estado, respetivamente.

De salientar, porém, que o referido preceito exprime, é certo, o conceito de presunção «juris tantum» que decorre dos artigos 349.º e segs. do CC, podendo, por isso, ser ilidível mediante prova em contrário.

Secção III
Atos de registo e seus efeitos

1. Formas de registo

Os atos registais revestem uma das seguintes formas: descrição predial (artigos 79.º e segs.), inscrição (artigos 91.º a 99.º), averbamentos à descrição (artigos 88.º, 89.º, 90.º, n.º 1 e 2, este *a contrario*), averbamentos à inscrição (artigos 100.º a 103.º), anotação à descrição (artigos 66.º, n.º 3, 69.º, n.º 3, 90.º, n.º 2, e 90.º-A), e anotação à inscrição (artigos 66.º, n.º 3, 69.º, n.º 3, 148.º e 149.º).

A descrição predial, que tem por finalidade a identificação física, económica e fiscal do prédio – n.º 1 do artigo 79.º –, reveste extrema importância num sistema, como o nosso, todo ele centrado sobre a materialidade do prédio[228].

A inscrição reporta-se a factos (jurídicos) sujeitos a registo por força do disposto nos artigos 2.º e 3.º do CRP, podendo aquela revestir o caráter de definitiva ou provisória (por natureza ou por dúvidas, ou, por natureza e por dúvidas, simultaneamente).

Os averbamentos, bem como as anotações, são efetuados, em regra, às descrições ou inscrições, consoante o caso.

2. Registo definitivo do facto – presunções derivadas do registo

As presunções registais atuam, portanto, no sentido de que o direito registado existe e emerge do facto inscrito, pertence ao titular inscrito e tem determinada substância[229].

Como salienta Mouteira Guerreiro[230] o princípio que o código consagra no artigo 7.º, e que é designado como o de presunção de verdade, engloba a presunção de verdade e a presunção de exatidão. A presunção de verdade está contemplada no primeiro segmento do preceito (o registo definitivo constitui presunção de que o direito existe e pertence ao titular inscrito)

[228] Para mais desenvolvimentos sobre o ponto veja-se Jorge de Seabra Magalhães, in Estudos de Registo Predial, 1986, págs. 61 e segs.

[229] Vd. Isabel Pereira Mendes, in Código do Registo Predial Anotado, 2006, págs.124 e segs.

[230] In Temas de Registo e de Notariado, 2010, pág. 40.

e a presunção de exatidão no último segmento (nos precisos termos em que o direito o define).

Em consequência de tal, o assento registal dispensa o titular inscrito de provar o facto em que se fundam as presunções derivadas do registo, isto é, que o direito existe, e existe na sua titularidade nos precisos termos em que o registo o publicita, incumbindo sempre ao impugnante do registo a elisão das referidas presunções. Enquanto a inscrição permanecer em vigor continuará a gerar a presunção de que um direito oponível *erga omnes* existe e pertence ao titular inscrito, nos precisos termos em que o registo o publicita. Os seus efeitos só se extinguem mediante o respetivo cancelamento – artigo 10.º do CRP.

Esta, adiantamos já, não é a jurisprudência atual do Supremo Tribunal de Justiça.

Secção IV
Acórdão de Uniformização

1. A posição defendida pelo Supremo Tribunal de Justiça, no Acórdão de Uniformização de 4 de Dezembro de 2007[231], uniformiza a jurisprudência no sentido de que: «Na ação de impugnação de escritura de justificação notarial prevista nos artigos 116.º, n.º 1, do Código do Registo Predial e 89.º e 101.º do Código do Notariado, tendo sido os réus que nela afirmaram a aquisição, por usucapião, do direito de propriedade sobre um imóvel, inscrito definitivamente no registo, a seu favor, com base nessa escritura, incumbe-lhes a prova dos factos constitutivos do seu direito, sem poderem beneficiar da presunção do registo decorrente do artigo 7.º do Código do Registo Predial».

Fundamenta-se o Acórdão em apreço, *grosso modo*, no seguinte: «A impugnação da escritura de justificação significa a impugnação dos factos com base nos quais foi celebrado o registo.

A impugnação desses factos, traduzida na alegação da sua não verificação ou da sua não correspondência com a realidade, não pode deixar de abalar a credibilidade do registo e a sua eficácia prevista no art. 7.º do Cód. Reg. Predial, que é precisamente a presunção de que existe um direito cuja existência é posta em causa através da presente ação.

Daí que, impugnada a escritura com base na qual foi lavrado o registo, por impugnado também se tem de haver esse mesmo registo, não podendo valer contra o impugnante a referida presunção, que a lei concede no pressuposto da existência do direito registado.

A escritura de justificação notarial, com as declarações que nela foram exaradas, apenas vale para efeito de descrição do prédio na Conservató-

[231] Publicado no DR n.º 63, I Série, de 31 de Março de 2008, e na CJ/STJ, Ano XV, Tomo III/2007, págs. 33 e segs.
Este acórdão contém a enunciação da maioria dos acórdãos proferidos anteriormente à uniformização, seja em sentido conforme ao seu seja em sentido contrário.
Em conformidade podem ver-se, entre outros, os acórdãos do Supremo Tribunal de Justiça de 3 de Março de 1998, 11 de Abril de 2000, 24 de Junho de 2004, 25 de Outubro de 2005, de 21 de Fevereiro de 2006, de 14 de Novembro de 2006 e de 30 de Novembro de 2008.
Em sentido contrário vejam-se também, designadamente, os acórdãos de 3 de Julho de 2003, de 29 de Junho de 2005, 22 de Novembro de 2005, 11 de Julho de 2006, 11 de Janeiro de 2007, 8 de Fevereiro de 2007 e 15 de Maio de 2007, disponíveis em www.dgsi.pt.

ria do Registo Predial, se não vier a ser impugnada – art. 101.º do Cód. do Notariado.

Como o registo foi feito com base em tal escritura de justificação, aqui impugnada, e precisamente porque o foi, não pode ele constituir qualquer presunção de que o direito existe, já que é este mesmo direito cuja existência se pretende apurar nesta ação.

O princípio da boa fé registral não pode, por si só, justificar a solução oposta, sobretudo porque a escritura de justificação é um meio de suprir a falta de um título para registo.

Acresce que, não estando a ação sujeita a qualquer prazo de caducidade (Ac. S.T.J. de 15-6-94, Col. Ac. S.T.J., II, 2.º, 140), é totalmente indiferente que já tenha ou não sido lavrado o registo com base na escritura de justificação.

Se o registo já se encontrar lavrado (como é o caso), o autor impugnante apenas terá que pedir o seu cancelamento – art. 8.º, n.º 1, do Cód. Reg. Predial[232].

O que tudo permite concluir, como se conclui, que o direito de propriedade afirmado na escritura de justificação notarial e, com base nela, levado a registo passou a ser incerto com a impugnação apresentada, daí decorrendo que os réus não possam beneficiar da aludida presunção do art. 7.º do Cód. Reg. Predial».

Neste acórdão, a propósito da especial natureza da escritura de justificação notarial, salienta-se ainda que ela «não oferece cabais garantias de segurança e de correspondência com a realidade, potenciando, mesmo, a sua utilização fraudulenta e permitindo que o justificante dela se sirva para titular direitos que não possui, com lesão de direitos de terceiros».

[232] Na redação atual do referido artigo 8.º, conferida pelo Decreto-Lei n.º 116/2008, de 4 de Julho, a impugnação judicial de factos registados faz presumir o pedido de cancelamento do correspondente registo, razão pela qual, ainda que não seja expressamente pedido (visto não ter que o ser ao contrário do que acontecia na versão anterior, ora alterada), o aludido cancelamento deve ser determinado judicialmente.
A alteração do referido preceito traduziu-se, afinal, no acolhimento do entendimento estabilizado do Supremo Tribunal de Justiça, vertido em diversos acórdãos entre os quais se pode ver o Acórdão de 22 de Janeiro de 1998, publicado na CJ/STJ, Ano VI, Tomo I, pág. 26, segundo o qual «...Quando o cancelamento fosse uma consequência do pedido e ainda que o mesmo não tivesse sido expressamente formulado deveria considerar-se implícito e ordenar-se o cancelamento do correspondente registo, se fosse o caso».

E mais «A justificação notarial não constitui ato translativo, pressupondo sempre, no caso de invocação de usucapião, uma sequência de atos a ela conducentes, que podem ser impugnados, antes ou depois de ser efetuado o registo, com base naquela escritura.

É que a usucapião constitui o fundamento primário dos direitos reais na nossa ordem jurídica, não podendo esquecer-se que a base de toda a nossa ordem imobiliária não está no registo, mas na usucapião (...).

E o art. 101.º, n.º 1, do Cód. do Notariado, não fixa qualquer prazo para propositura da ação de impugnação do facto justificado».

2. Análise crítica do Acórdão

A) Efeito presuntivo do registo definitivo – interpretação do artigo 7.º
B) Classificação da ação de impugnação – Ónus da prova
C) Título para registo – Força probatória da escritura de justificação
D) Valoração negativa da escritura de justificação – Direito constituído
E) Ausência de prazo para impugnação
F) A justificação não constitui ato translativo

A) Efeito presuntivo do registo definitivo – interpretação do artigo 7.º

1. Como já referimos, o registo definitivo constitui presunção de que o direito existe e pertence ao titular inscrito, nos precisos termos em que o registo o define – artigo 7.º do CRP – independentemente da natureza do título em que o mesmo se baseie.

Daqui decorre que o nosso sistema jurídico registal[233] confere ao titular inscrito uma enorme vantagem do ponto de vista probatório ao consagrar as aludidas presunções.

Porém, estas presunções são consideradas *juris tantum*, razão pelo qual podem ser destruídas por um facto que indiscutivelmente a elas se sobreponha.

Por força das referidas presunções o titular inscrito não só não precisa de alegar e provar a existência, validade e eficácia do direito registado como não tem de provar que tal direito lhe pertence. O fundamento des-

[233] Tal como outros ordenamentos estrangeiros, designadamente o alemão, o suíço, austríaco e o espanhol.

tas presunções prende-se precisamente com o princípio da legitimação consagrado no artigo 9.º e com o princípio do trato sucessivo previsto no artigo 34.º, ambos do CRP.

Cumpre assinalar, também, que estas presunções constituem uma das principais diferenças entre a inscrição registal e os demais documentos públicos – estes provam factos históricos (negócio jurídico tendente à aquisição de um imóvel, por exemplo) enquanto a inscrição registal acredita uma situação jurídica estável e atual do respetivo imóvel.

As presunções consagradas no artigo 7.º tornam, em termos práticos, mais efetiva a oponibilidade (artigo 5.º, n.º 1, do CRP) *erga omnes* do direito real, que foi obtida ou consolidada através do correspondente registo[234].

Para que a oponibilidade opere basta que exista, por um lado, publicidade registal e, por outro, cognoscibilidade ou possibilidade de conhecimento do conteúdo do registo.

Ora, a cognoscibilidade geral substitui, assim, o conhecimento efetivo produzindo-se as consequências jurídicas independentemente da circunstância de ocorrer ou não esse conhecimento de facto.

Como salienta Mónica Jardim[235] «A cognoscibilidade legal é um resultado inevitável da publicidade registal, porquanto a possibilidade de consulta do Registo a legitima, tal como a publicidade legislativa dos Diários Oficiais legitima a norma jurídica, com irrelevância de que se ignore ou não o conteúdo do preceito publicado»[236].

2. No entanto, excecionalmente, pode acontecer que o titular definitivamente inscrito não tenha adquirido o direito, ou que não o tenha adquirido com os contornos – conteúdo e amplitude – publicitados pelo Registo, espelhando este uma realidade tabular diversa da realidade extratabular. Mas, mesmo assim, nos sistemas registais que consagram as referidas presunções, os assentos registais permanecem em vigor até que as presunções sejam ilididas, mediante prova do contrário, e se proceda ao subsequente cancelamento dos referidos assentos caso a impugnação judicial dos factos

[234] No que respeita aos efeitos do registo veja-se Carvalho Fernandes, in Lições de Direitos Reais, 4.ª edição – Reimpressão, págs. 125 e segs.

[235] Vd., neste sentido, Mónica Jardim, in Efeitos Substantivos do Registo Predial – Terceiros para efeitos de registo, 2013, págs. 62 e 63.

[236] A ignorância da lei não justifica a falta do seu cumprimento nem isenta as pessoas das sanções nela estabelecidas – artigo 6.º do CC.

jurídicos registados venha a ser julgada procedente e, consequentemente, reconhecida uma situação jurídica distinta da publicitada pelo Registo.

Só mediante o cancelamento o assento posto em causa (seja por vício próprio do registo – invalidade registal – seja por vício do título que lhe serviu de base – invalidade substancial) deixa de produzir os efeitos que a lei lhe atribui[237].

Os efeitos do registo transferem-se mediante novo registo e extinguem--se por caducidade ou mediante cancelamento, efetuado com base em título bastante – cfr. o disposto nos artigos 10.º e 13.º do CRP.

3. Cumpre salientar, por fim, mas não por ser menos importante, que as aludidas presunções se encontram intimamente relacionadas com o princípio da legalidade consagrado no artigo 68.º, segundo o qual «a validade do pedido de registo deve ser apreciada em face das disposições legais aplicáveis, dos documentos apresentados e dos registos anteriores, verificando--se especialmente a identidade do prédio, a legitimidade dos interessados, a regularidade formal dos títulos e a validade dos atos neles contidos»[238].

Os assentos registais só podem ser elaborados após o cumprimento rigoroso do aludido princípio pelo qualificador do pedido de registo (que não se limita passivamente a inscrever os factos que são peticionados no Registo)[239], o que justifica a particular força probatória que lhes é atribuída.

É doutrina assente entre nós (e noutros ordenamentos jurídicos estrangeiros), que o poder de qualificação do conservador é indeclinável e inapropriável, devendo ser exercido com independência semelhante à do juiz, daí que seja designado como poder «para-judicial»[240].

[237] A propósito das invalidades substanciais e das invalidades registais veja-se Maria Clara Sottomayor, in Invalidade e Registo – A proteção do Adquirente de Boa Fé, 2010, págs. 713 e segs.

[238] O princípio da legalidade é habitualmente perspetivado em dois planos: no da legalidade extrínseca e no da legalidade intrínseca.
A legalidade extrínseca respeita à observância de requisitos de legalidade registral (legalidade processual) e à admissibilidade a registo regulada pela lei civil (legalidade substantiva).
A legalidade intrínseca ou formal é reguladora do próprio facto sujeito a registo, reportando--se à forma externa do ato (legalidade formal) e aos pressupostos e elementos não formais do mesmo ato (legalidade material). Cfr. Ferreira de Almeida, in Publicidade e Teoria dos Registos, pág. 217 e segs.

[239] Veja-se Menezes Cordeiro, in Manual de Direito Comercial, Volume I, 2001, pág. 325.

[240] Cfr., neste sentido, Lacruz Berdejo e Sancho Rebullida, in Derecho Inmobiliario Registral, 1984, págs. 304 e segs., bem como os pareceres proferidos nos proc.ºs n.ºs 58/93 R.P.4, e

Como bem nota Oliveira Ascensão[241], o conservador, entidade primária na orgânica do registo, aparece aqui como o «guardião da legalidade».

4. A interpretação do artigo 7.º na ótica do Acórdão, como salienta José Alberto Vieira[242], vem introduzir uma quebra de homogeneidade na regulação normativa da matéria, à primeira vista insuspeitada, e abrir, assim, uma dicotomia probatória no contexto da aplicação deste preceito. Se a inscrição de aquisição se faz com base numa justificação notarial o beneficiário do registo não goza da presunção de titularidade e tem de desenvolver a prova respetiva, enquanto em todos os outros casos, curiosamente, ela mantém o seu âmbito de aplicação intacto, haja ou não impugnação.

Ora, acrescenta o autor, para ser verdadeiramente coerente, o acórdão devia, então, postular como máxima que a impugnação do facto registado faz cair o efeito presuntivo do registo, posto que a credibilidade da presunção ficaria sempre minada com a impugnação. Mas, a tanto, não se atreveu!

4.1. A desconsideração, no âmbito da mera instauração da ação de impugnação do facto justificado prevista no n.º 1 do artigo 101.º do CN, das presunções conferidas ao justificante pelo registo não merece o nosso apoio, pois quem beneficia das presunções de titularidade estabelecidas no artigo 7.º do CRP apenas as pode ver afastadas mediante o cancelamento do respetivo registo, com base em decisão judicial transitada em julgado, que, evidentemente, julgue aquela ação procedente.

É por esta razão, também, que entendemos que quem pretenda impugnar um facto registado com base em escritura de justificação notarial (ou qualquer outra escritura, no mesmíssimo plano) tem de fazer a prova de que essa titularidade não existe na esfera jurídica do titular inscrito. Sobre este, porque beneficia das presunções derivadas do registo, não impende o ónus da prova, não se nos afigurando legítima, em face do artigo 7.º, qualquer interpretação restritiva[243].

R.P.63/2013 STJ-CC, entre muitos outros, publicados na Regesta, 2.º trimestre, 1994, págs. 75 e segs, e em www.irn.mj.pt, respetivamente.

[241] In Direitos Reais, 1971, pág. 38.

[242] In Cadernos de Direito Privado, n.º 24/2008, pág. 39.

[243] A este propósito José Alberto Vieira, in Cadernos de Direito Privado, pág. 41, salienta que «O Direito positivo não dá efetivamente argumentos para a interpretação restritiva seguida

O que é importante realçar é a existência do registo[244] e os efeitos deste resultantes, não se vendo, *in casu*, razão alguma que possa justificar a alteração da regra relativa às presunções registais.

O intérprete não pode, *in casu*, considerar outro pensamento legislativo pois que não tem na letra da lei um mínimo de correspondência verbal (elemento gramatical), ainda que imperfeitamente expressa (artigo 9.º, n.º 2, do CC), nem é admissível fazer interpretação restritiva do preceito já que inexiste razão de ser para tal[245].

Salienta-se ainda, além do mais, que não é só o elemento literal que não consente a interpretação restritiva, porquanto, como se percebe claramente em face do regime jurídico da transferência dos efeitos do registo, da nulidade e do cancelamento dos registos (artigos 10.º, 13.º e 17.º do CRP), nem a simples impugnação do facto justificado e registado nem a impugnação do registo propriamente dito afetam o efeito presuntivo que brota do artigo 7.º enquanto o registo em causa não for destruído por uma das vias legalmente admitidas e enunciadas supra.

B) Classificação da ação de impugnação do facto justificado – ónus da prova.

1. A impugnação do facto justificado mediante escritura de justificação notarial tem sido classificada entre as espécies de ações declarativas de

pelo Supremo Tribunal de Justiça. (...) E é nessa falta de argumentos que se pode estribar, desde logo, a posição oposta à doutrina interpretativa fixada pelo Supremo».

[244] Rui Pinto Duarte, in Curso de Direitos Reais, 2002, pág. 14, salienta que «Se, em maior ou menor medida, os seus efeitos influenciam os direitos a ele submetidos, há que reconhecer ao registo (também) uma função jurisdicional, *lato sensu*. À luz do que escrevemos sobre o processo de registo (mormente sobre a qualificação) e sobre os efeitos do registo predial no Direito português, julgamos que, no nosso Direito, o registo não tem uma função meramente administrativa, cabendo-lhe também uma função jurisdicional».
No mesmo sentido, Manuel Amorós Guardiola, in La Teoria de la Publicidade Registral y su Evolución, págs. 150 e 151.

[245] No que respeita à interpretação das leis veja-se Baptista Machado, in Introdução ao Direito e ao Discurso Legitimador, 2008, págs. 181 e segs., bem como Oliveira Ascensão, in O Direito, Introdução e Teoria Geral, 9.ª edição, 1995, págs. 412 e 413.
Na interpretação restritiva o intérprete chega à conclusão que o legislador adotou um texto que atraiçoa o seu pensamento, na medida em que diz mais do que aquilo que se pretendia dizer. Aqui, naturalmente, a *ratio legis* tem uma palavra a dizer, devendo o intérprete restringir o texto em termos de o tornar compatível com o pensamento legislativo, isto é, com aquela *ratio*.

simples apreciação negativa previstas no artigo 10.º, n.ºs 1, 2 e 3, alínea a), do CPC, na medida em que por via delas é visada a eliminação dos efeitos dos factos aquisitivos nelas declarados.

Consabidamente, por força do disposto no artigo 342.º do CC, cabe ao autor fazer a prova dos factos constitutivos dos direitos alegados e ao réu alegar e demonstrar, por outro lado, os fundamentos do direito que contrapõe ao do autor.

Contudo, nas ações de simples apreciação ou declaração negativa, compete ao réu a prova dos factos constitutivos que se arroga em face do prescrito no n.º 1 do artigo 343.º do CC.

No entanto, sendo a impugnação da justificação deduzida depois do decurso do prazo estabelecido no n.º 2 do artigo 101.º do CN, isto é, 30 dias sobre a data em que o extrato do conteúdo da escritura de justificação foi publicado, e se o registo já se encontrar definitivamente lavrado a favor do justificante, este passa, desde então, a beneficiar da presunção consagrada no artigo 7.º do CRP.

Em consequência de tal, deve entender-se que o n.º 1 do artigo 343.º, que impõe ao réu o ónus de provar os factos constitutivos do seu direito, cede sempre que este tenha a seu favor a inscrição do bem em causa, beneficiando da presunção derivada do registo prevista e prescrita no aludido artigo 7.º.

Assim, como a este propósito se salienta, designadamente, no Acórdão do STJ de 3 de Julho de 2003 (cuja tese, no nosso modesto entendimento, é a correta), «... Aí, como que se vira o bico ao prego, e, do regime especial de ónus da prova, consagrado naquele art.º 343.º, passa-se para o regime geral, definido no art.º 342.º, n.º 1».

Quer isto, em suma, dizer que o ónus da prova, na ação de impugnação do facto justificado notarialmente está a cargo do autor ou do réu consoante esta seja instaurada antes (inexistindo, naturalmente, registo) ou depois do decurso do prazo fixado no n.º 2 do artigo 101.º do CN (existindo já registo definitivo do facto).

A razão de ser da diferenciação assenta, precisamente, na inexistência ou existência do registo do facto justificado.

No primeiro caso, o facto ainda não foi registado (da escritura nem sequer podem ser extraídas certidões), incumbindo, naturalmente, ao justificante o ónus da prova do direito que se arroga.

No segundo caso, isto é, decorrido o prazo legal sem que a ação tenha sido intentada e efetuado o registo do facto justificado, em termos definitivos, produz-se a inversão do ónus da prova, em face da presunção resultante do prescrito no artigo 7.º do CRP, norma que não contempla qualquer exceção alusiva à natureza do título que lhe serviu de base, ou outra, passando, consequentemente, aquele ónus para o autor.

Por conseguinte, não procede o argumento de que «o registo não pode gerar a presunção, uma vez que foi feito exatamente com base na escritura de justificação impugnada».

Se tal argumento fosse válido, então sempre que o «título formal» que tivesse viabilizado o registo definitivo fosse impugnado ter-se-ia de afirmar, em coerência, que o registo não gerava a presunção de que o direito existe e pertence ao titular inscrito, nesses precisos termos, porquanto a credibilidade do título foi posta em causa[246].

Por outro lado, cumpre ainda salientar que após a elaboração do registo em termos definitivos, a escritura de justificação notarial (título para o registo) esgotou, na íntegra, o seu fim, deixando de assumir relevância, passando, *in casu*, a ter importância apenas o registo do facto justificado.

Acresce, também, que a solução adotada pelo Acórdão de Uniformização de Jurisprudência esvazia de conteúdo útil o n.º 2 do artigo 101.º do CN que estipula que só podem ser passadas certidões da escritura de justificação após o decurso de trinta dias sobre a data em que o extrato for publicado, se dentro desse prazo não for recebida comunicação da pendência da impugnação.

Na verdade, se com ou sem registo, o justificante nunca beneficiasse da presunção derivada do registo, não existiria razão alguma para a lei exigir aquele compasso temporal – bastaria a lei impedir a passagem das certidões antes de comprovada a publicação do extrato da correspondente escritura.

Acompanhamos aqui a declaração de voto de vencido do Senhor Conselheiro João Camilo, proferido no Acórdão de Uniformização em apreço, que considera que aquele entendimento viola o disposto no artigo 9.º, n.º 3, do Cód. Civil.

[246] Veja-se Mónica Jardim, in A Evolução Histórica da Justificação de Direitos ..., págs. 73 e segs.

2. Destacamos ainda, por fim, no que concerne ao ónus da prova dos factos constitutivos do direito inscrito definitivamente no registo predial, a declaração de voto proferida no acórdão de uniformização em apreço pelo Senhor Conselheiro Salvador da Costa (que subscrevemos na íntegra) que salienta o seguinte: «Nas referidas ações de impugnação instauradas antes de a escritura de justificação notarial ser inscrita no registo cabe ao réu ou ao autor reconvindo, conforme os casos, a prova dos factos constitutivos do direito de que se arroguem (artigo 343.º, n.º 1, do Código Civil).

Decorrido, porém, que seja o prazo de impugnação da escritura notarial sem que a ela tenha havido lugar, isto é, cumprida que seja a fase da publicidade da respetiva outorga acima referida e inscrita a aquisição do direito, passa esta inscrição a constituir a presunção da titularidade do direito em causa, nos termos do artigo 7.º do Código do Registo Predial.

Levado ao registo o facto aquisitivo do direito de propriedade ou de outro direito real, ele passa a assumir a sua função normal de os publicitar, com a particularidade de presunção acima referida, independentemente da natureza do título que lhe serviu de base.

Nesse caso, por virtude da mencionada presunção, o ónus da prova de falsidade da mencionada escritura de justificação notarial, ou seja, de que o direito nela declarado não existe, passa a incumbir ao autor ou ao réu reconvinte, conforme os casos (artigos 342.º, n.º1, 344.º, n.º 1, e 350.º do Código Civil e 7.º do Código do Registo Predial)».

3. No sentido que vimos defendendo, transcrevemos ainda, por ilustrativas, algumas das conclusões firmadas no Acórdão do STJ de 15 de Maio de 2007:

«a) A escritura pública, como documento autêntico, garante apenas a veracidade dos factos praticados pelo notário e dos que lhe são referidos com base nas suas perceções, que não os juízos pessoais do notário ou os factos do foro íntimo dos outorgantes.

b) A impugnação judicial da escritura de justificação notarial pode ser feita antes de decorrido o prazo das publicações do artigo 100.º do Código do Notariado, paralisando a feitura do registo definitivo; ou após aquele prazo de 30 dias, não impedindo, então, que o justificante inscreva o seu direito no registo predial.

c) Se já tiver elaborado registo definitivo do direito justificado, a presunção do artigo 7.º do Código do Registo Predial, faz inverter o ónus da prova na ação de simples apreciação negativa que é o procedimento judicial comum de impugnação, valendo, então, o n.º 1 do artigo 342.º e não o n.º 1 do artigo 343.º do Código Civil».

Como corolário lógico do exposto, afigura-se-nos de concluir que na ação de impugnação da justificação, considerada de simples apreciação, instaurada depois da elaboração do registo do facto em termos definitivos, incumbe ao autor o ónus da prova em virtude de o réu (titular inscrito) beneficiar da presunção derivada do registo consagrada no aludido artigo 7.º.

Neste caso, do regime especial consagrado no artigo 343.º do C.C. passa-se para o regime geral definido no artigo 342.º, n.º1, do mesmo Código, operando-se a inversão do ónus da prova.

C) Título para registo – Força probatória da escritura de justificação notarial

1. Como se sabe, a aquisição do direito de propriedade sobre imóveis está sujeita a registo obrigatório e a respetiva inscrição só pode operar com base em documento que legalmente a comprove (artigos 2.º, n.º 1, alínea a), 8.º-A, n.º 1, alínea a), 43.º, n.º 1, e 116.º, n.º 1, do CRP e artigos 89.º e segs. do CN).

A lei admite expressa e claramente que a falta do referido documento seja suprida por via de escritura de justificação notarial a que se reportam, além do mais, os artigos 89.º, 90.º e 91.º do Código do Notariado.

Com efeito, esta escritura de justificação notarial tem como escopo o suprimento extrajudicial da falta de um título para registo, encontra-se, legalmente, no mesmo patamar que qualquer outro modo de celebração de negócios jurídicos sobre imóveis no nosso ordenamento jurídico, não podendo ser desconsiderada ou diminuída no seu alcance, porque em concreto possa dar azo a uma «utilização fraudulenta».

Como decorre do disposto no artigo 116.º, n.º 1, do CRP, a escritura de justificação notarial prende-se com a dinâmica do registo, muito em especial com o princípio do trato sucessivo, posto que visa o suprimento de um título para registo, seja porque o adquirente não disponha de documento (porque se extraviou, não sabe onde se encontra ou, simplesmente, nunca existiu) para a prova do seu direito e não consiga obtê-lo pelos meios considerados normais.

A maioria das vezes a declaração de invocação da usucapião consta mesmo da referida escritura.

A escritura de justificação notarial, para além da imprescindível declaração do interessado nos termos do artigo 89.º do CN, obedece a outros formalismos designadamente a participação de três testemunhas, inscrição matricial dos bens a justificar, certidão do registo predial, notificação prévia do titular inscrito, se for caso disso, publicidade da escritura de justificação mediante publicação do seu extrato.

A isto acresce a impossibilidade de antes de decorridos 30 dias contados da data da publicação do extrato serem extraídas certidões da escritura em causa, nem posteriormente se durante o aludido espaço temporal for comunicada ao notário a impugnação judicial do facto titulado, donde decorre o impedimento do registo do facto justificado, isto é, a paralisação da feitura do registo.

Porém, decorrido que seja o aludido prazo sem que tenha ocorrido impugnação judicial, o justificante pode peticionar o registo do facto em causa, apresentando como meio de titulação do pedido certidão da correspondente escritura de justificação notarial.

A escritura de justificação notarial é dotada legalmente da força de documento autêntico (artigo 363.º, n.º 2, do CC), fazendo prova plena do facto jurídico que titula (artigo 371.º, n.º1, do CC).

Ora, tal equivale a dizer que o facto justificado mediante a celebração da referida escritura fica ao nível de qualquer outro facto jurídico que haja sido celebrado com a observância da sua forma particular. Dito de forma exemplificativa: a escritura de justificação notarial está, precisamente, para a usucapião como a escritura pública está, v.g., para a compra e venda de um imóvel.

D) Valoração negativa da escritura de justificação – Direito constituído

1. A escritura de justificação notarial, repetimos, tem consagração legal, encontrando-se expressamente prevista no artigo 116.º, n.º 1, do CRP e dos artigos 89.º e segs. do CN, constituindo um documento autêntico, que faz prova plena do facto jurídico que titula (artigos 363.º, n.º 2, e 371.º, n.º 1, do C.C.) não podendo, sem mais, ser desconsiderada ou diminuída no seu alcance relativamente aos demais meios de titulação previsto na lei, concretamente perante outras escrituras públicas.

Por ser um procedimento excecional de titulação de factos jurídicos, de natureza probatória porquanto se destina a suprir a falta de títulos e, consequentemente, a possibilitar o registo de aquisição de direitos com o escopo final de harmonizar a realidade substantiva (o direito existe o que falta é o título) e a realidade registal, a eventual menor segurança do título é compensada pela lei submetendo-o a uma pluralidade de exigências e diligências sem ímpar além de estipular sanções para os outorgantes que não observem o cumprimento da lei.

Logo, não se diga, como no Acórdão de Uniformização, que «a escritura de justificação notarial não oferece cabais garantias de segurança e de correspondência com a realidade, potenciando, mesmo, a sua utilização fraudulenta e permitindo que o justificante dela se sirva para titular direitos que não possui, com lesão de direitos de terceiros», porque a celebração da escritura de justificação notarial visa determinado escopo com consagração legal e encontra-se rodeada de cautelas inexistentes para as demais escrituras.

Consequentemente, a justificação notarial de factos jurídicos com incidência na situação jurídico-real dos prédios tem fonte legal e coloca-se a par de qualquer outro modo legítimo de titulação na ordem jurídica portuguesa.

Com efeito, a lei admite que a falta de título (não do direito, saliente-se) seja suprida mediante a celebração de escritura de justificação notarial para efeitos de estabelecimento do trato sucessivo[247] – artigos 116.º, n.º 1, do CRP, e 89.º do CN – mediante a declaração feita pelo interessado, por via da qual afirme ser, com exclusão de outrem, titular do direito que se arroga, especificando a causa da sua aquisição e indicando as razões que o impossibilitam de a comprovar pelos meios normais.

E mais, alegada que seja a usucapião baseada em posse não titulada, deve o interessado mencionar expressamente as circunstâncias de facto determinantes do início da posse bem como as que consubstanciam e caraterizam a posse geradora da usucapião – artigo 89.º do CN.

Por outro lado, ainda, as declarações do justificante são confirmadas por três declarantes, que o notário considere dignos de crédito. Os

[247] Tratando-se de justificação para reatamento ou estabelecimento de novo trato sucessivo e não existindo título em que tenha intervindo o titular inscrito, e tendo em conta o princípio do trato sucessivo, a escritura não pode ser outorgada sem a prévia notificação do titular inscrito, como flui do disposto no artigo 99.º do CN.

outorgantes podem sempre incorrer em responsabilidade civil segundo as regras gerais[248].

Acresce, também, que a referida escritura é publicada, por meio de extrato do seu conteúdo, num dos jornais mais lidos do concelho da situação do bem, ou, se aí não houver jornal, num dos jornais mais lidos da região – artigo 100.º do CN.

E só podem ser extraídas certidões da escritura de justificação decorridos que sejam 30 dias sobre a data em que o extrato for publicado, se dentro desse prazo não for recebida comunicação da pendência da impugnação da mesma – artigo 101.º do CN.

Como se infere já do que precede, afigura-se-nos inadmissível que a escritura de justificação notarial seja genericamente desvalorizada ou diminuída no seu alcance, uma vez que no nosso ordenamento jurídico se encontra legitimamente colocada a par de qualquer outro meio de titulação de negócios jurídicos sobre imóveis.

Deste modo, como em anotação ao referido Acórdão salienta José Alberto Vieira[249], «uma vez justificado, nada distingue o facto jurídico titulado por justificação do facto jurídico celebrado pela forma escrita legal. A inscrição registal do primeiro deve desencadear os mesmos efeitos, incluindo o presuntivo, de qualquer outra inscrição».

Ora, como nota o citado autor[250] com referência ao realce dado pelo Acórdão à natureza da escritura de justificação notarial e às suas cabais garantias de segurança e de correspondência com a realidade, «este argumento encerra um perigo óbvio: a anteposição do juízo judicial à própria lei. Nas suas consequências últimas, ele mostra-se suscetível de pôr em causa a distribuição constitucional de poderes e, nessa medida, colocar a decisão judicial em rota de colisão com a Constituição».

Nos termos expostos, parece-nos que a valoração negativa da escritura de justificação notarial feita no Acórdão só será aceitável no plano da política legislativa (pois, apesar das cautelas que rodeiam a celebração daquela, não se nega, de todo, a existência de alguns perigos que a mesma pode gerar) e não no plano do Direito constituído.

[248] No que concerne às advertências consignadas no artigo 97.º do CN veja-se o Acórdão do Tribunal Constitucional n.º 96/15, atrás referenciado.

[249] In Cadernos de Direito Privado n.º 24/2008, pág. 39.

[250] In Cadernos..., cit., pág. 40.

E) Ausência de prazo para impugnação

Considerando que qualquer facto jurídico pode ser impugnado antes ou depois do seu registo, não vemos pertinência no argumento relativo à ausência de prazo para a impugnação judicial da escritura de justificação, já que essa possibilidade não se traduz, sequer, numa especificidade atinente à escritura de justificação. O decurso do prazo de 30 dias estabelecido no n.º 2 do artigo 101.º do CN é apenas condição para a emissão da certidão da escritura de justificação[251].

Com efeito, a doação de um imóvel, v. g., efetuada por doador sem legitimidade, mediante a celebração de escritura pública, pode, de igual modo, ser declarada nula a todo o tempo.

E a nulidade do registo só pode ser invocada depois de declarada por decisão judicial transitada em julgado – cfr. o que dispõem os artigos 10.º, 13.º, 16.º e 17.º do CRP.

O que equivale a dizer que o efeito presuntivo do registo, mesmo de registo nulo, se mantém nos seus precisos termos até vir a ser cancelado com base em decisão judicial com trânsito em julgado.

Por isso, entendemos também que o argumento ínsito no Acórdão de Uniformização respeitante à ausência de prazo para instauração da aludida ação não colhe, visto que, além da sua manifesta irrelevância, não constitui qualquer especificidade desta ação, já que o mesmo se pode dizer, v. g., quanto a uma ação de impugnação de compra e venda ou de doação feita por vendedor ou doador sem legitimidade mediante a celebração de escritura pública ou documento equiparado – cfr. os artigos 892.º, 956.º, n.º 1, e 309.º do C.C.

F) Justificação não constitui ato translativo

Outro argumento esgrimido no Acórdão reside no facto de a justificação não constituir ato translativo.

E daí? Que consequências pertinentes *in casu* se pretendem extrair de tal asserção?

[251] Nesta conformidade veja-se o Acórdão do TRC, de 17 de Março de 1998, publicado na CJ/1998, Tomo II, pág. 22.

Na verdade, não se vislumbra o seu alcance posto que ninguém contesta que assim seja. Os factos translativos gerais de direitos reais são os mesmos dos factos jurídicos constitutivos de direitos reais (artigo 1316.º do C.C.), com exceção, precisamente, da usucapião, cuja eficácia reside primariamente na constituição de direitos reais[252].

A justificação não constitui um ato translativo, pressupondo sempre, no caso de invocação de usucapião, a verificação de uma sequência de atos que a ela conduzam, que podem ser impugnados, antes ou depois de ser efetuado o registo, com base na escritura de justificação notarial.

Cremos que ninguém questiona tal evidência, pois, na verdade, do que se trata aqui é da incorporação, num documento que goza de autenticidade, de um facto já ocorrido e que não precisa de ser declarado por escrito para ser válido e eficaz[253]. A exigência de redução a escrito prende-se, tão só, com a (sobejamente salientada) necessidade de prova documental para a submissão do facto a registo – n.º 1 do artigo 43.º do CRP.

3. Processo de justificação previsto no Código do Registo Predial

Não foi abordada no Acórdão, nem tinha naturalmente que ser, a questão relativa a registo efetuado na sequência de decisão do conservador tomada no processo de justificação registal, posto que em tabela estava apenas a impugnação de facto registado com base em escritura de justificação notarial.

No entanto, não podemos deixar de salientar que é nosso entendimento que a presunção consagrada no artigo 7.º do CRP vale, por maioria de razão até, quando o registo seja elaborado na sequência de decisão do conservador tomada no respetivo processo de justificação ao abrigo do disposto nos artigos 116.º e segs. do citado Código[254].

[252] Veja-se Carvalho Fernandes, in Lições de Direitos Reais, 4.ª edição – reimpressão, págs. 231 e segs. e 256 e segs., bem como José Alberto Vieira, in Direitos Reais cit., págs. 430 e segs.

[253] A invocação da usucapião pode até ser verbal e na presença de testemunhas; mediante notificação judicial avulsa, através de notificação edital a incertos, etc. Vd. Mónica Jardim, in A Evolução ..., pág. 60.

[254] A decisão do conservador prolatada ao abrigo do disposto no n.º 4 do artigo 117.º-F do CRP pode, eventualmente, estar inquinada pelo vício da falsidade (ou outro que conduza à nulidade do registo) das declarações do justificante ou/e das testemunhas. Neste caso, o registo elaborado com base na decisão assim obtida pode ser impugnado mediante a propositura da respetiva ação declarativa nos termos indicados para a escritura de justificação

Tal equivale a dizer, muito em síntese, que, se for impugnado judicialmente um registo definitivo efetuado com base em decisão proferida pelo conservador no âmbito do processo de justificação nos serviços de registo, o justificante beneficia das presunções derivadas do registo nos termos prescritos no artigo 7.º do CRP, valendo aqui, por maioria de razão, os argumentos expendidos a propósito do registo elaborado com base em escritura de justificação notarial e que, por isso, nos dispensamos de repetir.

notarial, produzindo todos os seus efeitos até ao seu cancelamento – artigos 13.º, 16.º, alínea a), e 17.º do citado Código.

Capítulo XVIII
Registo comercial, de veículos automóveis e de navios mercantes

Secção I
Registo comercial

1. Considerações gerais

A constituição das sociedades comerciais é facto obrigatoriamente sujeito a registo como decorre da análise conjugada do disposto na alínea a) do n.º 1 do artigo 3.º e do n.º 1 do artigo 15.º ambos do CRC[255].

Para instruir o pedido do aludido registo deve ser apresentada, *inter alia*, certidão da escritura pública (artigo 80.º do CN) ou escrito particular com as assinaturas dos subscritores devidamente reconhecidas (artigo 7.º do CSC)[256].

Este registo é constitutivo por força do disposto no artigo 5.º do CSC. Decorrentemente os atos constitutivos das sociedades comerciais não

[255] Para mais desenvolvimentos pode ver-se da autora Código do Registo Comercial Anotado e Comentado, 2016, págs. 70 e 73.

[256] No que concerne a outras formas de constituição das sociedades previstas, designadamente, nos diplomas que instituiram os regimes especiais de constituição imediata de sociedades comerciais e de constituição online de sociedades comerciais (Decretos-Leis n.ºs 111/2005, de 8 de julho, e 125/2006, de 29 de junho) veja-se Código do Registo Comercial citado na nota anterior, págs. 70 e segs., 229 e 231.

podem ser invocados, nem sequer entre as próprias partes, antes do correspondente registo – n.º 2 do artigo 13.º do CRC.

2. Quotas e partes sociais

A Reforma levada a efeito com a publicação do Decreto-Lei n.º 76-A/2006, de 29 de março, alterou profundamente a estrutura e as regras ínsitas no Código do Registo Comercial procedendo, designadamente, à criação de um novo regime de registos por depósito relativo às quotas e partes sociais – artigos 11.º, 22.º, 29.º, 29.º-A, 29.º-B, (31.º- revogado), 45.º, 46.º, 47.º, 48.º, 49.º, 53.º-A e 55.º.

A aludida Reforma atingiu também o Código das Sociedades Comerciais, no que concerne ao registo das quotas sociais, mediante o aditamento dos artigos 242.º-A a 242.º-F e a alteração dos artigos 219.º, 221.º e 228.º, entre outros.

3. Registo por depósito

Nesta sequência, os factos atinentes a quotas sociais passaram então a ingressar no registo por depósito, como resulta do disposto nas alíneas a) e g) do n.º 5 do artigo 53.º-A do CRC. Tal equivale a dizer que este registo consiste no mero arquivamento dos documentos que titulam os factos sujeitos a registo – cfr. o disposto no n.º 3 do citado artigo 53.º-A e nos artigos 14.º e 15.º do RRC – não se encontrando sujeitos ao princípio da legalidade consagrado no artigo 47.º do CRC[257].

Decorrentemente, a qualificação atinente aos pedidos dos aludidos atos de registo ficou, *ipso facto*, deliberadamente excluída do núcleo de poderes de qualificação que incumbe ao conservador. Com efeito o legislador, com a Reforma de 2006, desvalorizou clara e deliberadamente o registo por depósito, subtraindo-o ao âmbito de aplicação dos grandes princípios que enformam o registo comercial[258].

[257] No que concerne ao princípio da legalidade veja-se, da autora, o Código do Registo Comercial Anotado e Comentado, págs. 283 a 287.

[258] Esta alteração legislativa, no que respeita ao registo dos atos relativos a direitos sobre quotas, é vista por Carlos Ferreira de Almeida, in Estudos de Homenagem ao Professor Raúl Ventura, pág. 282, como uma privatização do registo, geradora de insegurança, conflitos e um acréscimo de despesas, especialmente para as pequenas empresas.

Posteriormente ao registo de constituição das sociedades, e de acordo com a nova Reforma do Registo Comercial, os factos atinentes a quotas ou partes sociais – transmissão da propriedade ou do usufruto, divisão e unificação – são efetuados por depósito ao abrigo do disposto no artigo 53.º-A, n.º 5, alínea a), conjugado com as pertinentes alíneas do n.º 1 do artigo 3.º do CRC.

Para titular os aludidos factos respeitantes às sociedades comerciais deixou de ser exigível a celebração de escritura pública (vd. artigos 219.º e segs. do CSC), daí também a revogação do artigo 79.º do CRC que, com a referida Reforma, deixou de ter cabimento.

Secção II
Usucapião de quotas sociais

1. Legislação pertinente

1.1. A temática relativa à possibilidade de usucapir quotas sociais é deveras complexa e controvertida não recolhendo unanimidade na doutrina nem na jurisprudência, divergindo mesmo a doutrina e a jurisprudência entre si.

Abordemo-la pois, ainda que perfunctoriamente, na ótica das disposições plasmadas no Código Civil, no Código das Sociedades Comerciais e no Código do Registo Comercial.

1.2. Normas plasmadas no Código Civil

Pois bem, do disposto no artigo 1302.º do C.C. resulta que só as coisas corpóreas, móveis ou imóveis, podem ser objeto do direito de propriedade regulado neste código.

O artigo 202.º do citado Código dá-nos a definição de coisa, enquanto que o artigo 204.º elenca as coisas imóveis referindo-se o artigo 205.º, por exclusão de partes, às coisas móveis.

Os artigos 1293.º a 1297.º tratam da usucapião de imóveis, figurando, por seu turno, a previsão e regulamentação de usucapião de móveis sujeitas a registo no artigo 1298.º, todos do C.C.

1.2.1. O que importa desde logo apurar, relativamente ao ponto em apreço, é se o instituto da posse, com todas as suas sequelas, dentre as quais nos importa considerar, particularmente, a usucapião, abrange posições jurídicas como a titularidade da quota de uma sociedade comercial por quotas.

Afigura-se-nos, por isso, relevante indagar se a quota é um mero direito de crédito ou uma coisa, e se pode ou não ser objeto do direito de propriedade, sendo certo que também aqui a resposta não é unívoca.

Para alguns autores, a quota social é apenas «o conjunto dos direitos e deveres de caráter patrimonial ou extra patrimonial que o sócio detém em face da sociedade[259]», que representa a unidade formal desses direi-

[259] Maria Ângela Coelho, in RDE, Ano II, n.º 1, pág. 6.

tos e deveres e «exprime a medida da participação do sócio na sociedade a que pertence»[260].

Outros divergem. Num parecer datado de Outubro de 1989, Vasco da Gama Lobo Xavier salientou que a quota é uma coisa, sendo objeto de relações jurídicas sobre a qual podem recair direitos reais, designadamente o usufruto, o penhor e o arresto.

Ora, como o direito real é um direito sobre coisas, a quota terá que, por esta via, ser, também, forçosamente, uma coisa.

Para Orlando de Carvalho[261] «coisa: é todo o bem do mundo externo. Sensível e insensível, com suficiente individualidade e economicidade para ter estatuto permanente de objeto de direitos». E acrescenta, «Quando se ligam titularidades jurídicas e se quer beneficiar alguém desses valores, sem primeiro privar o titular da sua posição (de contrário, poderia fazer-se uma cessão do direito: art. 577.º e ss.) o remédio é coisificar uma titularidade jurídica, é converter o direito em objeto».

Como salienta Coutinho de Abreu[262], as pessoas coletivas são uma realidade jurídica, criação (recente) do direito, que não vive por si e para si, mas por e para os seus membros; destes é ela instrumento, encontrando-se o património da pessoa coletiva ao serviço dos interesses dos seus membros. Ora é esta substancialista consideração da personalidade coletiva que abre caminho para a «desconsideração da personalidade coletiva como a derrogação ou não observância da autonomia jurídica-subjetiva e/ou patrimonial da pessoa coletiva em face dos seus membros.

Decorrentemente, sublinha João Carlos Gralheiro[263] na mesma senda, «parece hoje curial ver as quotas sociais como os instrumentos que os sócios usam, também, para exercer o poder direto sobre o património da sociedade».

1.3. Normas ínsitas no Código das Sociedades Comerciais

Ressalta de diversas normas plasmadas no Código das Sociedades Comerciais que a quota é objeto de direito de propriedade.

A saber:

[260] Ferrer Correia, in Lições de Direito Comercial, Vol. II, pág. 85.

[261] In Teoria Geral do Direito Civil, 1980/1981, pág. 117.

[262] Vd. in Da Empresarialidade, pág. 203

[263] In ob. cit., págs. 1143 e segs.

Os artigos 222.º a 224.º do CSC prescrevem o regime da «contitularidade da quota», remetendo para o disposto nos artigos 1407.º e 1412.º, n.º 2, do C.C., que regulam, respetivamente, a administração da coisa e o direito de exigir a divisão, integrados no Capítulo V, epigrafado «Compropriedade».

Por seu turno o artigo 239.º do CSC prevê a penhora de quotas, aludindo expressamente ao «titular da quota».

Por fim, mas ainda no mesmo sentido, isto é, de reafirmar a titularidade (*rectius*, a relação de propriedade), o legislador, no artigo 269.º do citado Código, utiliza o termo «titular da raiz»[264]. Na mesma linha de pensamento veja-se, também, o que dispõem os artigos 23.º, n.ºs 1 e 2, e 233.º, n.º 4, ambos do CSC.

1.4. Artigos do Código do Registo Comercial

Das diversas normas atualmente plasmadas no Código do Registo Comercial relativas a quotas ou participações sociais - artigos 3.º, n.º 1, alíneas c) a g) e i), 9.º, alíneas b), f), g) e h); 29.º-A, 29.º-B e 53.º-A, n.º 5, alíneas a) e g) – não se pode extrair qualquer consideração pertinente seja no sentido de admitir seja no de excluir a possibilidade de proceder à justificação registal das mesmas.

De qualquer modo, parece-nos que não se pode deixar de tirar as devidas ilações da revogação dos artigos 31.º (Princípio do trato sucessivo) e do 79.º (Suprimento) do referido Código, que não aconteceu por acaso como adiante explicitaremos.

[264] Veja-se Raúl Ventura, in Alterações do Contrato de Sociedade, pág. 236.

Secção III
Jurisprudência e doutrina

1. Jurisprudência

O Supremo Tribunal de Justiça no Acórdão de 6 de maio de 1998[265], pronunciou-se no sentido de que «as quotas sociais são suscetíveis de serem possuídas», dado que no quotista se podem reúnir todas as condições do possuidor: *corpus*, fruindo a quota, e *animus*, porque tem intenção de exercer os seus poderes de proprietário sobre a coisa, no seu próprio interesse.

Para o efeito, estriba-se no conceito jurídico da coisa que demanda a satisfação dos seguintes requisitos:

a) Tratar-se de uma realidade delimitada e autónoma;
b) ter utilidade para o homem; e
c) ser suscetível de domínio exclusivo pelo homem.

Nesta conformidade, coisa é, como diz Dias Marques[266] «tudo o que, gozando de autonomia e utilidade, é suscetível de denominação exclusiva pelo homem».

Concluiu-se, assim, que uma quota social cabe perfeitamente em tal conceito[267].

2. Em sentido contrário à possibilidade de usucapir quotas sociais no acórdão do Tribunal da Relação de Lisboa[268] proferido em 9 de Julho de 1991, decidiu-se que uma quota social é insuscetível de posse que, legalmente, possa conduzir à sua aquisição por usucapião.

Com efeito, salienta-se aí que «Ainda que face à terminologia legal (artigos 202.º a 205.º do Código Civil) uma quota social haja de qualificar-se como coisa móvel, ela não é coisa corpórea, nem o legislador como tal a considera. A quota social assume-se como um feixe de direitos e de obrigações. Os direitos compreendidos pela quota e por ela facultados não

[265] Publicado na CJ/STJ, 1998, Tomo II, pág. 71.

[266] In Noções Elementares de Direito Civil, 5.ª edição, pág. 36.

[267] Nesta conformidade veja-se, também, Carvalho Fernandes, in Teoria Geral de Direito Civil, Volume I, pág. 632 e segs..

[268] Acessível em www.dgsi.pt.

são apenas de caráter patrimonial (direito à participação nos lucros anuais, direito de oneração ou cessão), mas de natureza corporativa (participar, pelo voto, na formação da vontade coletiva, ser eleito para cargos sociais, fiscalizar a ação da administração, etc.).

Os direitos reais a que se refere o artigo 1251.º do Código Civil são apenas os que incidem sobre coisas corpóreas. Para efeitos de usucapião só os direitos reais de gozo são de ter em consideração, não relevando, para tal efeito, os chamados direitos reais de garantia (artigo 1287.º do Código Civil). Não existe direito real à quota, pois que não é coisa corpórea. Face à lei que nos rege uma quota social é insuscetível de posse que, legalmente possa conduzir à sua aquisição»[269].

2. Doutrina

Defendendo que a quota social é uma coisa passível de ser objeto de direito de propriedade, sendo passível de atos de posse, pode ver-se, entre outros, João Carlos Gralheiro[270] para quem «parece que não podem resultar dúvidas sobre a admissibilidade legal da aquisição por usucapião de quotas sociais, pelo que os atos praticados pelos sócios, designadamente, participando em assembleias, votando, sendo eleitos, subscrevendo aumentos de capital social, etc., feitos de uma forma permanente, durante um certo lapso de tempo, à vista de toda a gente e sem oposição de ninguém, como se de uma coisa (ou direito) própria (o) se tratasse e na convicção de que não ofendiam direitos de terceiros, permitir-lhes-á a invocação da aquisição originária dos seus direitos de propriedade sobre as quotas, por usucapião».

[269] No mesmo sentido e por idêntica razão, vejam-se os Acórdãos do STJ de 10 de novembro de 1992, in BMJ n.º 421, págs. 450 e segs., e de 15 de Junho de 2000, publicado na CJ, 2000, Tomo II, págs. 115 e segs., que embora respeitante ao direito ao arrendamento, nele se sublinha que a usucapião só poderá funcionar perante os elementos corpóreos do estabelecimento.

[270] Da usucapibilidade das quotas sociais, in ROA, Ano 59, Dezembro de 1999, págs. 1137 e segs.

Secção IV
Justificação registal

1. Artigo 79.º do CRC - Revogação

1.1. No artigo 79.º do Código do Registo Comercial, vigente até à entrada em vigor do Decreto-Lei n.º 76-A/2006, de 29 de Março, constava o seguinte: «1.Os adquirentes da propriedade ou do usufruto de quotas ou de partes de capital social que não disponham de documento para a prova do seu direito, bem como os gerentes ou administradores da sociedade, podem, para fins de registo, suprir a intervenção dos titulares inscritos mediante escritura de justificação notarial ou processo de justificação, ao qual é aplicável o regime previsto no Código do Registo Predial, com as necessárias adaptações.

2. O disposto no número anterior é aplicável à divisão ou unificação de quotas.

3. A impossibilidade de comprovar o pagamento dos impostos referentes às transmissões justificadas, quando certificada pela repartição de finanças, dispensa a apreciação da regularidade fiscal das mesmas transmissões».

O aludido preceito foi revogado pelo artigo 61.º do referido Decreto-Lei n.º 76-A/2006.

A propósito da revogação referida Mouteira Guerreiro[271] sublinha que «apenas se terá pretendido substituir o (ou dar uma alternativa ao) revogado art.º 79.º que, esse sim, tinha anteriormente pleno cabimento quanto às quotas (cuja transmissão era, ao tempo, sujeita à forma de escritura pública) mas que, com a reforma do registo comercial, deixou de o ter. Não foi, todavia, revogado o art.º 94.º do Código do Notariado (esqueceram-se?) que, por idêntico motivo, também parece ter deixado de ter qualquer vero interesse prático».

Com efeito, o artigo 94.º do CN não só não foi revogado como nem sequer viu a redação do seu n.º 1 alterada em conformidade com a eliminação do artigo 31.º do CRC, que consagrava o princípio do trato sucessivo[272].

[271] In Notas sobre as Justificações, pág. 14, nota 40.

[272] A manutenção do artigo 94.º dever-se-á, talvez, a descuido do legislador, como salienta Mouteira Guerreiro in Notas..., pág. 14.

No entanto, mesmo para quem sustente a vigência do aludido preceito, a justificação notarial nunca poderá versar sobre uma primeira inscrição mas apenas poderá servir de título ao registo dos factos modificativos da titularidade das quotas ou partes sociais e direitos sobre elas sempre que se torne necessário obter documentos que os interessados não dispõem (porque se extraviaram ou não se localizam), ou quando se verifique uma quebra na cadeia das aquisições derivadas, tornando-se necessário que o justificante invoque a posse conducente à aquisição, por usucapião[273].

1.2. Perfilhamos o entendimento daqueles que defendem que não tendo sido por mero acaso que o legislador revogou o artigo 79.º do CRC – procedimento simplificado de justificação relativo às quotas ou partes sociais – e introduziu o artigo 79.º-A do mesmo Código nos moldes em que o fez, com a manutenção em vigor do artigo 94.º do CN nos seus precisos termos, quebrou-se, incompreensivelmente, a harmonia do sistema até então existente.

2. Aditamento do artigo 79.º-A do CRC

2.1. O referido Decreto-Lei n.º 76-A/2006, que revogou expressamente o artigo 79.º, veio, no entanto, criar um outro processo especial de justificação registal mediante o aditamento do artigo 79.º-A ao CRC, que é do seguinte teor:

> «1. A justificação das situações de dissolução imediata de sociedades a que se refere o n.º 2 do artigo 141.º do Código das Sociedades Comerciais pode ser declarada em procedimento simplificado de justificação.
> 2. O procedimento inicia-se mediante requerimento escrito dos interessados com alegação da situação que fundamenta a dissolução imediata e confirmação do facto por três declarantes que o conservador considere dignos de crédito.

[273] Sobre o ponto veja-se Neto Ferreirinha e Zulmira Silva, in Manual de Direito Notarial, cit., págs. 504 a 506.

3. Quando o pedido seja efetuado presencialmente perante funcionário competente, esse pedido é sempre verbal e reduzido a auto, não havendo lugar a qualquer requerimento escrito.
4. Verificando-se o disposto nos números anteriores, o conservador profere decisão pela qual declara justificada a dissolução da sociedade, lavra o registo da dissolução e promove as publicações previstas no regime jurídico do procedimento administrativo de dissolução de entidades comerciais».

2.2. Perante o que precede já se depreende que deixou de existir preceito no Código a contemplar a possibilidade de se proceder à titulação de quotas ou partes sociais, mediante justificação, decorrendo claramente do aludido artigo 79.º-A que o procedimento simplificado de justificação não é aplicável à aquisição da propriedade ou do usufruto de quotas ou de partes sociais, posto que visa muito claramente e tão só, declarar a dissolução imediata de sociedades que se encontrem em determinadas condições consignadas no Código das Sociedades Comerciais.

2.3. O referido procedimento encontra-se extremamente simplificado, iniciando-se com a apresentação de um requerimento dos interessados com alegação da situação que fundamenta a dissolução imediata da sociedade e confirmação do facto por três declarantes que o conservador considere dignos de crédito; ou, sendo o pedido verbal, mediante a sua redução a auto, nos termos do disposto nos n.ºs 2 e 3 do artigo 79.º-A.

2.3.1. O conservador, se considerar verificado o disposto nos n.ºs 2 e 3 do citado preceito, profere decisão na qual declara justificada a dissolução, lavra o registo e promove as comunicações previstas no artigo 14.º do RJPADLEC, aprovado pelo Decreto-Lei n.º 76-A/2006, de 29 de março.

2.3.2. O procedimento de justificação previsto no artigo 79.º-A constitui um meio de reconhecimento da dissolução ocorrida seja pelo decurso do prazo, seja pela realização completa do objeto contratual seja, ainda, pela ilicitude superveniente do objeto contratual – alíneas a), c) e d) do n.º 1 do artigo 141.º do CSC.

Para a promoção deste procedimento é aberto um vasto leque de legitimidade, pois é colocada ao alcance de qualquer sócio, sucessor *mortis causa* do sócio, credor da sociedade ou do sócio de responsabilidade ilimitada[274].

Contudo, não se vislumbra o interesse prático do procedimento simplificado de justificação possibilitado ao abrigo do aditamento do citado preceito tendo até em consideração o regime jurídico do procedimento administrativo de dissolução e de liquidação de entidades comerciais precisamente instituído pelo mesmo diploma, sendo ele próprio, também, simplificado – cfr. o que dispõe a alínea e) do artigo 1.º do Decreto-Lei n.º 76-A/2006, bem como os artigos 4.º e segs. do RJPADLEC.

E mais, tal procedimento de justificação não se insere minimamente no espírito que imbui os demais diplomas atinentes à justificação de direitos, desvirtuando-se, desta forma, o recurso à justificação que, consabidamente, só deve ocorrer havendo impossibilidade de solucionar a questão mediante o recurso aos meios (considerados) normais de titulação.

[274] Neste sentido, embora a propósito da justificação notarial, pode ver-se Raúl Ventura, in Dissolução e Liquidação de Sociedades, 1987, pág. 44.

Secção V
Registo de navios mercantes

1. Legislação aplicável

O Decreto-Lei n.º 403/86, de 3 de Dezembro, que aprovou o Código do Registo Comercial manteve em vigor, por força do disposto no n.º 2 do seu artigo 5.º, as disposições plasmadas no Decreto-Lei n.º 42 644, de 14 de Novembro de 1959 (Registo Comercial), e no Decreto n.º 42 645, da mesma data (Regulamento do Registo Comercial)[275], atinentes ao registo de navios mercantes, até à publicação de nova legislação sobre a matéria.

A publicação da nova legislação só ocorreu através do Decreto-Lei n.º 277/95, de 25 de Outubro, diploma que aprovou o Código do Registo de Bens Móveis.

Contudo, a entrada em vigor deste Código ficou condicionada à publicação do respetivo Regulamento e determinadas portarias, não tendo, até ao momento presente, ocorrido tais publicações.

Tal equivale a dizer que o regime jurídico aplicável ao registo de navios mercantes se encontra, ainda hoje, plasmado nos aludidos Decreto-Lei n.º 42 644 e Decreto n.º 42 645.

2. Direito subsidiário

Não decorre de nenhum artigo dos aludidos diplomas qualquer referência à justificação de navios mercantes, sabendo-se, porém, que, por força do disposto no artigo 19.º do Decreto-Lei n.º 42 644, são aplicáveis ao registo comercial, com as necessárias adaptações, todas as disposições legais relativas ao registo predial que não sejam contrárias à natureza daquele e às disposições do presente diploma ou do respetivo regulamento.

Por seu turno, resulta também do artigo 1298.º do C.C. que todas as coisas móveis sujeitas a registo são suscetíveis de usucapião[276].

[275] Veja-se, também, o Decreto-Lei n.º 96/89, de 28 de Março, respeitante ao registo internacional de navios da Madeira – MAR, bem como o parecer do CT proferido no proc.º n.º R.Co.10/2006 DSJ-CT e os diplomas nele mencionados.

[276] Vd., nesta conformidade, Antunes Varela e Pires de Lima, in Código Civil Anotado, Volume III, pág. 80.

Decorrentemente, afigura-se-nos que o processo de justificação registal previsto no artigo 116.º do CRP é aplicável aos navios mercantes, com as necessárias adaptações.

Secção VI
Registo de veículos automóveis

1. Legislação aplicável

1.1. Para finalizar, e ainda que perfunctoriamente, não podemos deixar de fazer uma breve alusão ao regime jurídico da propriedade automóvel, que se encontra vertido nos Decretos-Leis n.ºs 54/75, de 12 de Fevereiro (Registo da Propriedade Automóvel), 55/75, de 12 de Fevereiro (Regulamento do Registo Automóvel), bem como ao Decreto-Lei n.º 178-A/2005, de 28 de Outubro («Documento único automóvel» - DUA), e ainda à Portaria n.º 99/2008, de 31 de Janeiro, respeitante à regulamentação da promoção online de atos de registo de veículos[277].

1.2. Como é sabido, ao registo de veículos automóveis são aplicáveis, entre outros, os princípios do trato sucessivo, da instância, da legalidade, etc.

Os factos sujeitos a registo encontram-se elencados nos artigos 5.º e 6.º do já citado Decreto-Lei n.º 54/75, devendo ser apresentados os requerimentos/documentos previstos nos artigos 11.º e segs. e 24.º e segs. do Decreto-Lei n.º 55/75.

A cada veículo automóvel corresponde um certificado de matrícula, que deve acompanhar sempre o veículo – vd. os artigos 9.º, 10.º e 11.º do Decreto-Lei n.º 54/75.

2. Direito subsidiário

Segundo a lei vigente, os efeitos, no campo do Direito Privado, do registo de veículos serão próximos do registo predial[278], cujas normas lhe são aplicáveis, subsidiariamente e com as devidas adaptações[279], na medida indispensável ao suprimento das lacunas da regulamentação própria e compatível

[277] Portaria já alterada pelas Portarias n.ºs 1536/2008, de 30 de Dezembro, 426/2010, de 29 de Junho, 283/2013, de 30 de Agosto, e 358/2015, de 14 de Outubro.

[278] Neste sentido veja-se Rui Pinto Duarte, in Curso de Direitos Reais, 2002, pág. 150.

[279] No que respeita à aplicabilidade das disposições legais consagradas no Código do Registo Predial (e no Código do Notariado, por remissão) à notificação edital determinada pela ausência ou falecimento do titular inscrito veja-se a Deliberação tomada no proc.º n.º Div.8/2013STJ-CC.

com a natureza dos veículos e das disposições contidas nos Decretos-Leis n.ºs 54/75 e 55/75, ambos de 12 de Fevereiro, por força do disposto no artigo 29.º do já referido Decreto-Lei n.º 54/75.

Parece-nos, assim, que a justificação registal (e notarial, como atrás se sublinhou) é admissível para reatamento de trato sucessivo quando os interessados não disponham de documento - porque o mesmo se extraviou ou foi destruído – que lhes permita comprovar as transmissões intermédias, ou para estabelecimento de novo trato sucessivo quando o justificante invoque a posse conducente à usucapião, enquanto causa originária da aquisição[280].

[280] Para mais desenvolvimentos sobre o ponto veja-se, designadamente, Neto Ferreirinha e Zulmira Silva, in Manual de Direito Notarial, 2008, págs. 511 e segs.

BIBLIOGRAFIA

Abreu, Coutinho de, Da Empresarialidade.

Almeida, Carlos Ferreira de, Estudos de Homenagem ao Professor Raúl Ventura.

Almeida, Carlos Ferreira de, Publicidade e Teoria dos Registos, 1966.

Andrade, Manuel A. Domingues de, Teoria Geral da Relação Jurídica, I Volume, 1966.

Araújo, A.M. Borges Prática Notarial, 3.ª edição

Ascensão, José Oliveira, Direitos Civil – Reais.

Ascensão, José Oliveira, O Direito – Introdução e Teoria Geral, 1995.

Coelho, Maria Ângela, RDE, Ano, II, n.º 1.

Canotilho, Gomes, e Vital Moreira, Constituição da República Portuguesa, 3.ª edição.

Carvalho, Orlando de, RLJ, Ano 122, n.º 3780.

Carvalho, Orlando de, Teoria Geral do Direito Civil, 1980/1981.

Cordeiro, António Menezes, A Posse – Perspetivas Dogmáticas Atuais, 3.ª edição, 2000.

Cordeiro, António Menezes, Tratado de Direito Civil Português - I Parte Geral, 2004.

Cordeiro, António Menezes, Manual de Direito Comercial, Volume I, 2001.

Correia, Ferrer, Lições de Direito Comercial.

Duarte, Rui Pinto, Curso de Direitos Reais, 2002.

Fernandes, Luís A. Carvalho, Lições de Direitos Reais, 4.ª edição – reimpressão, 2004.

Ferreira, Durval, Posse e Usucapião, 2002.

Ferreirinha, Fernando Neto, Manual de Direito Notarial, 2008, 4.ª edição.

Ferreirinha, Fernando Neto, Código do Notariado Anotado.

Figueiredo, D.M. Lopes, Código do Notariado.

Freitas, José Lebre de, Introdução ao Processo Civil – Conceitos e princípios gerais à luz do novo Código, 3.ª edição, 2013.

Freitas, José Lebre de, A Ação Declarativa Comum, 3.ª edição.

Geraldes, Isabel Ferreira Quelhas, Impugnação das Decisões do Conservador nos Registos, 2002.

Geraldes, Isabel Ferreira Quelhas, Código do Registo Comercial Anotado e Comentado, 2016.

Gonçalves, Gabriel António Órfão, Aquisição Tabular, 2007.

Gralheiro, João Carlos, ROA, Ano 59/1999.
Guerreiro, J. A. Mouteira, Noções de Direito Registral, 1993.
Guerreiro, J.A. Mouteira, Notas sobre as Justificações.
Guerreiro, J.A. Mouteira, Temas de Registos e de Notariado, 2010.
Jardim, Mónica, A Evolução Histórica da Justificação de Direitos de Particulares para fins de Registo Predial e a figura da Justificação na Atualidade.
Jardim, Mónica, Efeitos Substantivos do Registo Predial – Terceiros para efeitos de registo, 2013.
Leitão, Luís Manuel Teles de Menezes, Direitos Reais, 3.ª edição, 2012.
Machado, Baptista, Introdução ao Direito e ao Discurso Legitimador, 17.ª reimpressão, 2008.
Magalhães, Jorge de Seabra, Estudos de Registo Predial, 1986.
Mendes, Isabel Pereira, Código do Registo Predial Anotado, 15.ª edição, 2006.
Mendes, Isabel Pereira, Meios de suprimento de título: justificação notarial e processo de justificação no Código do Registo Predial.
Mendes, Isabel Pereira, in Estudos sobre Registo Predial, 1999.
Mesquita, Manuel Henrique, Direitos Reais.
Moniz, Ana Raquel Gonçalves, O Domínio Público – O Critério e o Regime Jurídico da Dominialidade, 2006.
Neto, Abílio, Novo Código de Processo Civil Anotado, 2014.
Nunes, Alberto Catarino, Código do Registo Predial Anotado, 1967.
Rodrigues, Fernando Pereira, Usucapião – Constituição Originária de Direitos através da Posse, 2008.
Rodrigues, Manuel, A Posse – Estudo de Direito Civil Português, 1981.
Sottomayor, Maria Clara, in Invalidade e Registo – Proteção do Terceiro Adquirente de Boa Fé, 2010.
Sousa, Firmino Ruivo de Sousa, Código do Notariado, Notas Práticas/Comentários, 2.ª edição.
Telles, Inocêncio Galvão, Manual dos Contratos em Geral, 4.ª edição.
Varela, Antunes e Pires de Lima, Código Civil Anotado.
Varela, Antunes, Das Obrigações em Geral, II volume.
Ventura, Raúl, Alterações do Contrato de Sociedade, 1987.
Ventura, Raúl, Dissolução e Liquidação de Sociedades, 1987.
Vieira, José Alberto C., Direitos Reais, 2008.

ÍNDICE GERAL